Die Regieausgaben

der

Bayerischen Gerichte, Bezirksämter und Rentämter

Von

Oscar Sendtner

K. Oberregierungsrat am Obersten Rechnungshofe
in München

1914

München, Berlin und Leipzig

J. Schweitzer Verlag (Arthur Sellier).

Druck von Dr. F. P. Datterer & Cie. (Arthur Sellier) München-Freising.

Inhaltsübersicht.

A. Allgemeines.

Der Begriff der Regieausgaben ist aus praktischen Bedürfnissen heraus entstanden und daher in wenigen Worten nicht erschöpfend zu definieren. Im allgemeinen versteht man darunter die sächlichen Ausgaben, die der Bureaubetrieb erfordert. Es scheiden daher aus die Ausgaben, die der gewerbliche oder gewerbsähnliche Betrieb staatlicher Unternehmungen fordert. Nicht zu den Regieausgaben gehören ferner alle Ausgaben baulicher Natur mit Ausnahme einiger kleinerer, bestimmt bezeichneter Bauunterhaltungsausgaben. Andererseits geht jedoch, trotz des Namens, der Begriff noch über die sächlichen Ausgaben hinaus insofern, als er auch die Vergütung für Dienstleistungen niederer Art (der Amtsdiener oder Taglohnsarbeiter) umfaßt, sofern diese Arbeiten mit Bureaubetrieb in unmittelbarem Zusammenhang stehen. Dagegen werden die Post-, Telegramm- und Telephongebühren, die begrifflich zu den sächlichen Ausgaben gehören, von diesen getrennt nach besonderen Normen verrechnet. Die gesonderte Verrechnung ist dadurch begründet, daß diese Gebühren regelmäßig keine wirklichen Ausgaben darstellen, da sie wieder von der Staatskasse vereinnahmt werden.

Wie sämtliche Ausgaben des Staatshaushaltes sind auch die sächlichen Ausgaben rechnerisch geschieden in Verwaltungs- (Betriebs-) und Staatsaufwandsausgaben. Es werden also in den Rechnungen die auf Veranlagung und Erhebung von Staatseinnahmen erwachsenen Ausgaben (Verwaltungsausgaben) von denen, die auf allgemeine Staatszwecke erwachsen (Staatsaufwandsausgaben), vollständig getrennt.[1])

---

[1]) Eine Ausnahme besteht für die auf Verwaltung und Verrechnung der Forst-, Jagd- und Triftgefälle bei den Rentämtern er-

B. Voranschlag (Etats) und Verrechnung.

Die Bestreitung sämtlicher sächlicher Ausgaben darf — abgesehen von den nach Anfall zahlbaren sächlichen Ausgaben — nur auf Grund der Etats oder besonderer Bewilligung der Ministerien bzw. der von diesen ermächtigten Stellen erfolgen.

Die Etats sind regelmäßig unüberschreitbar.

Sämtliche sächliche Ausgaben dürfen nur in der Rechnung des Jahres nachgewiesen werden, in dem sie fällig geworden sind, bzw. in dem die betreffende Anschaffung erfolgt ist.[1]) Nur Mietzinse, die in den ersten Tagen des nächsten Jahres für das abgelaufene Jahr fällig geworden sind, sind in der Rechnung des abgelaufenen Jahres nachzuweisen.

Mit dem Abschluß der Rechnungen erlischt regelmäßig die Befugnis zur Verwendung der durch die Etats bewilligten Mittel. Eine Ausnahme besteht hievon nur insofern, als mit ministerieller Genehmigung im ersten Jahr einer Finanzperiode Vorgriffe auf die für das zweite Jahr der Finanzperiode bestimmten Ausgabssummen und Übertragungen der im ersten Jahr einer Finanzperiode unverwendet gebliebenen Ausgabssummen auf das zweite Jahr stattfinden dürfen.[2])

Jedoch wurde es ministeriell für zulässig erklärt, Regieausgaben, die am Anfang eines Jahres und vor Abschluß der Regierechnung des Vorjahrs fällig geworden sind, aus den noch verfügbaren Mitteln des Vorjahrs zu decken. Überschreitung der für Regieausgaben festgesetzten Etatssumme kann die Haftungsinanspruchnahme des betreffenden Beamten veranlassen.

---

wachsenden sächlichen Ausgaben, die ausnahmslos unter den sächlichen Ausgaben auf den Etat der allgemeinen Finanzverwaltung, also unter Staatsaufwandsausgaben, vorgetragen werden.

[1]) Dies gilt insbesondere auch von den Heizmaterialien. FME. vom 3. Juli 1913 Nr. 15951.

[2]) §§ 16 Abs. II, III, IV, 18 Abs. III, IV, 20 der Bek. vom 23. Juni 1907 (FMBl. S. 221).

Reichen die zur Verfügung gestellten Mittel nicht aus, so muß entweder Nachtragskredit erwirkt oder die betreffende Ausgabe unterlassen werden. Unter keinen Umständen aber darf die Deckung des Fehlbetrags aus den Etatsmitteln des folgenden Rechnungsjahres erfolgen. Die im Etat zur Verfügung gestellten Regiemittel sind entweder Höchstbeträge oder Aversen (Bauschbeträge). Erstere erfordern einen Verwendungsnachweis; letztere werden lediglich mit der Quittung des zum Bezug des Aversums Berechtigten belegt, der sich über die Verwendung nicht weiter auszuweisen hat. Die Berechtigung zum Bezug dieser Aversen dauert solange, als die betreffende Stelle innebehalten wird.

Die für die Behandlung der Regieausgaben maßgebenden Normen sind in zahlreichen Verordnungen und Entschließungen zerstreut. Umfangreichere Normen über die sächlichen (Regie-) Ausgaben enthalten für die Gerichte und Staatsanwaltschaften die JustME. vom 13. Juni 1862 (JustMBl. 1863 Erg. Bd. S. 76 und 83),[1]) für die Bezirksämter die Entschl. des Min. d. Innern vom 18. August 1910, MABl. S. 503, und für die Rentämter die Geschäftsanweisung §§ 32—36 (FMBl. 1903 S. 287/291).

Die sächlichen Verwaltungsausgaben werden in den Nebenrechnungen mit den Betriebsausgaben — solche kommen bei den Rentämtern regelmäßig nur bei Staatsfonds und Forstfonds vor — zusammen vorgetragen und zwar zur Zeit die sächlichen Verwaltungs- und Betriebsausgaben auf Staatsfonds in der Staatsfondsnebenrechnung 14.[2])

Die Kosten auf Verwaltung der direkten Steuern ebenso wie die sächlichen Ausgaben auf den Etat der Erbschaftssteuern, Gebühren und Stempelabgaben dürfen nach Anfall

[1]) Der Inhalt dieser Entschließungen ist allerdings zum größten Teil antiquiert; die auf S. 83 abgedruckte Entschließung bezieht sich auf die Regieausgaben der Amtsgerichte mit Ausnahme der größeren Amtsgerichte, München, Regensburg I, Nürnberg, Würzburg, Augsburg und Passau, die auf S. 76 abgedruckte auf die genannten Amtsgerichte sowie die übrigen Gerichte und die Staatsanwaltschaften.

[2]) Rechnungsschema für die Jahre 1912/13, FMBl. 1913 S. 21 ff.

bezahlt und verrechnet werden, so daß es einer Krediteröffnung nicht bedarf.

Bei den Zahlungen an Private für angeschaffte Gegenstände ist der Abzug der Postgebühren zu beachten.[1])

Anschaffungen haben tunlichst in bayerischen Geschäften zu erfolgen.[2])

Ergibt sich die Notwendigkeit einer Wiederinstandsetzung von Bureaueinrichtungsgegenständen, der Reinigung von Bureauräumen anläßlich des Neubaus oder Umbaus eines Amtsgebäudes, so sind die Ausgaben auf den Regieetat zu übernehmen. (Die FME. vom 27. Oktober 1913 Nr. 30394 spricht zwar nur von der rentamtlichen Regie, dürfte jedoch auch auf andere Regieetats analog anzuwenden sein.)

Die den Staatsaufwandsetats zur Last fallenden Regieausgaben teilen sich in solche auf Staatsfonds, Forst- und Kreisfonds sowie übrige Fonds, über die die Rentämter Rechnungen zu stellen haben.

Die sächlichen Ausgaben auf Staatsaufwandsfonds sind in den Nebenrechnungen geschieden in solche der Gerichte, Staatsanwaltschaften, Notariate und Gerichtsgefängnisse (Staatsfondsnebenrechnung 24 a), der Bezirksämter (StFNR. 30 a), der Baubehörden (StFNR. 31 a) und der allgemeinen Finanzverwaltung (StFNR. 40).

Hievon werden jedoch die sächlichen Ausgaben der Gerichte, Staatsanwaltschaften, Notariate, Gerichtsgefängnisse, Bezirksämter und Baubehörden zunächst in Ausweisen, die von diesen Behörden gefertigt werden, vorgetragen. Aus diesen Ausweisen, die einen Anhang zu den Staatsfondsnebenrechnungen zu bilden haben, erfolgt der Übertrag (summarisch) in die letzteren.[3])

Da die rentamtlichen Regierechnungen längstens inner-

---

[1]) Ziff. 12 III der Bek. vom 14. Mai 1909 FMBl. S. 428.

[2]) § 4 der Vorschr. üb. d. Vergebg. staatl. Arbeiten u. Liefergen. GVBl. 1903 S. 138.

[3]) FME. vom 5. Dezember 1877, FMBl. S. 412, Entschl. d. M. d. F. vom 18. August 1910, Amtsbl. S. 503, ME. vom 25. November 1872 Ziff. 8, FinMBl. 1872 S. 218.

halb drei Monaten nach Ablauf des Rechnungsjahres abgeschlossen und zur Revision einbefördert sein müssen, sind auch diese Ausweise entsprechend rechtzeitig den Rentämtern mitzuteilen und die auf das Regierechnungswesen bezüglichen Anträge (Erwirkung von Zuschußkrediten ꝛc.) müssen noch vor Ablauf des Etatsjahrs gestellt werden.[1])

Bei dem Vortrag der sächlichen Ausgaben in den Rechnungen genügt die Bezeichnung „sächliche Ausgaben" ohne die Bezeichnung der einzelnen Arten von sächlichen Ausgaben. Soweit die sächlichen Ausgaben in Untertitel sich scheiden, genügt der Vortrag: Tit. 1 Schreibbedürfnisse ꝛc., Tit. 2 Mietzinse, Tit. 3 sonstige sächliche Ausgaben ꝛc.[2])

Die für die sächlichen Ausgaben der Gerichte und Staatsnotariate bestimmten Spezialetats werden vom K. Staatsministerium der Justiz an die Präsidenten der Oberlandesgerichte (bzw. den Präsidenten des Obersten Landesgerichts), die für die Staatsanwaltschaften und Gerichtsgefängnisse bestimmten an die Oberstaatsanwälte der Oberlandesgerichte (bzw. den Generalstaatsanwalt am Obersten Landesgericht) hinausgegeben.

1. Regie der Gerichte.

Für die amtsgerichtlichen Regieausgaben werden von den Oberlandesgerichtspräsidenten[3]) den Gerichtsvorständen Spezialetats übermittelt, die im ersten Jahr einer Finanzperiode remittierliche, im zweiten Jahre wirkliche Rechnungsbelege zu bilden haben.

Anträgen auf Erhöhung der in den Spezialetats vorgesehenen, einer spezifizierten Verrechnung nicht unterliegenden Aversen kann nur dann eine Folge gegeben werden, wenn der rechnerische Nachweis über deren Unzulänglichkeit und bezüglich der amtsgerichtlichen Pauschalsummen über die Art ihrer bisherigen Verwendung, sowie über die Unmöglichkeit

---

[1]) Bek. vom 23. Dezember 1868, RegBl. 1868 col. 2538; JustME. vom 29. Oktober 1869, FMBl. S. 284.

[2]) Ziff. 9 Abs. II der FME. vom 5. Februar 1912, FMBl. S. 15.

[3]) Früher geschah dies durch den Oberstaatsanwalt.

erbracht sein wird, den etwaigen Mehrbedarf bei der einen durch die Ersparung bei der andern Position zu decken.[1])

Die Gerichtsvorstände sind für die richtige Verwendung der Regiemittel und die Einhaltung der Höchstgrenzen verantwortlich.[2])

Die auf die Einführung des Grundbuchs erlaufenden Regiekosten — jedoch nicht der Bedarf an Hypothekenbüchern[3]) — sind — unter entsprechender Ausscheidung von dem allgemeinen Regieaufwand — in den gerichtlichen Regierechnungen auszuweisen und von da aus summarisch in die Staatsfonds NR. 24 lit. a zu übertragen.[4])

Seit dem Jahre 1906 werden die Regieausgaben der Gerichtsschreibereien mit denen der Gerichte zusammen vorgetragen. Die in Ziff. 2 der FME. vom 5. November 1892 (FMBl. S. 234) angeordnete Ausscheidung ist daher weggefallen.[5])

Die Führung von Materialausweisen über Schreibmaterialien, Beleuchtungs- und Beheizungsmaterial, ist erlassen.

Bei den Etatssätzen der gerichtlichen Regieausgaben ist zu unterscheiden zwischen den kleineren Amtsgerichten und den größeren Amtsgerichten wie München, Passau, Würzburg, Regensburg I, Nürnberg und Augsburg ꝛc. nebst den höheren Gerichten.

Für die höheren Gerichte und die größeren Amtsgerichte bilden die Etatssätze Höchstbeträge.

Bei den kleineren Amtsgerichten erhalten die Gerichtsvorstände zur Bestreitung der Kosten für

a) Schreibmaterialien, Beleuchtung und Reinigung der Geschäftslokalitäten,

b) Beheizung der Geschäftslokalitäten

---

[1]) JustME. vom 4. April 1870, FMBl. S. 50.

[2]) Bek. vom 9. Mai 1880, JustMBl. S. 153.

[3]) Die vom Staatsministerium der Justiz zur Verfügung gestellt werden.

[4]) FME. vom 16. November 1898 Ziff. 8; FMBl. S. 546; FME. vom 5. Januar 1901 Ziff. VI 2, FMBl. S. 5.

[5]) FME. vom 23 Januar 1907 Ziff. 7, FMBl. S. 84.

Aversalbeträge, Über diese Aversen ist ein Verwendungsnachweis nicht zu liefern. Die mit diesen Aversen erteilten Zahlungsermächtigungen sind gegenseitig übertragbar.

Für die sonstigen Regiebedürfnisse der kleineren Amtsgerichte, ebenso wie für sämtliche Regiebedürfnisse der übrigen Gerichte und der Staatsanwaltschaften werden, soweit nicht besondere Anweisungen erfolgen, in den Spezialetats Höchstbeträge ausgewiesen, innerhalb deren die Ausgaben gegen Verwendungsnachweis zu bestreiten sind.[1]) Die Kredite hiefür werden am Jahresschluß von der K. Regierungsfinanzkammer auf Grund der Mitteilungen der Oberlandesgerichtspräsidenten über den gehabten Aufwand im Rahmen der Etatsmittel eröffnet. Den kleineren Amtsgerichten wird zur Bestreitung der sächlichen Ausgaben, die nicht den Regiebauschbeständen der Gerichtsvorstände zur Last fallen, ein unüberschreitbarer Höchstbetrag zur Verfügung gestellt, der der Staatskasse unmittelbar verrechnet wird. Bis zu diesem Höchstbetrage hat der Vorstand des Gerichts die erforderlichen Ausgaben kraft eigener Zuständigkeit anzuordnen. Einer besonderen Erlaubnis zur Anschaffung der für den Dienst notwendigen Gerätschaften und Literalien bedarf es nicht mehr.[2])

Die Regiebedürfnisse der Amtsanwaltschaften sind bis auf weiteres aus der Regie der Amtsgerichte zu decken

2. Regie der Staatsnotariate.

Den Staatsnotariaten werden zur Bestreitung der sächlichen Ausgaben Höchstbeträge zur Verfügung gestellt, über die der Notariatsverweser unter Kontrolle des Amtsgerichtsvorstandes abzurechnen hat. Die Abrechnung bildet einen Anhang der amtsgerichtlichen Regierechnung.

Aus dem Höchstbetrag sind zu bestreiten

a) Schreibmaterialien und sonstige Kanzleibedürfnisse, so-

---

[1]) JustME. vom 13. Juni 1862, JustMBl. S. 83 u. 76; JustME. vom 11. November 1897 Nr. 30 859.

[2]) JustME. vom 19. Juli 1905, FMBl. S. 258 und JustME. vom 13. Juni 1862 Ziff. 9 (Geret Bd. XXXIII S. 415).

weit sie nicht aus dem Schreibmaterialienaversum zu decken sind,

b) Schreibmaterialienaversen des Verwesers und des etwaigen Schreibgehilfen,

c) Porti und Botenlöhne (ca. 10 Mk.),

d) Buchbinder- und Buchdruckerlöhne (ca. 30 Mk.),

e) Literalien (ca. 40 Mk.).

Kosten für Möbel- und Einrichtungsgegenstände werden durch besondere Entschließung bewilligt und außerhalb der Regierechnung des Notariats verrechnet. Die Kosten für Beheizung und Beleuchtung und Reinigung der Räume des Notariats werden von den Amtsgerichtsvorständen aus deren Aversen bestritten.[1])

3. Regie der Gerichtsgefängnisse.

Die bei den Gerichtsgefängnissen anwachsenden sächlichen Ausgaben werden nur zum Teil unter dieser Rubrik (StFMR. 24 lit. a) verrechnet. Die Kosten für den Arbeitsbetrieb und die Arbeitsverdienstkasse, insbesondere die hiefür erforderlichen Aufschreibungen sind aus dem Arbeitsfonds zu bestreiten; nur die Formulare, die außerdem in den Gefängnissen zu führen sind, wie

1. ein Verzeichnis der Untersuchungsgefangenen,
2. ein Verzeichnis der Strafgefangenen,
3. ein Verzeichnis der Zivilgefangenen,
4. ein Kalender für die Entlassungstermine,
5. ein Verzeichnis der in Verwahrung genommenen Sachen der Gefangenen,
6. ein Rapportbuch,
7. ein Strafbuch über die gegen Gefangene verfügten Disziplinarstrafen,
8. ein Verzeichnis der polizeilichen und Schubgefangenen

werden auf die Staatsaufwandsetats für Gerichtsgefängnisse verrechnet. Die Bücher unter 1, 2, 5, 7 und 8 sind zu

---

[1]) FMBek. vom 5. Januar 1901 Ziff. VII e, FMBl. S. 5.

binden, die unter 4 und 6 alljährlich in steifem Umschlag zu heften.[1])

Nicht unter den sächlichen Ausgaben für Gerichtsgefängnisse sind weiter zu verrechnen die unter die Untersuchungs- und Strafvollzugskosten fallenden Kosten der Verpflegung der Gefangenen und sonstige Kosten wie Einrückungskosten, Kosten der Bekleidung der Gefangenen, Kosten der Vollstreckung der Todesurteile u. dgl.

4. Regie der Bezirksämter.

Bei den Bezirksämtern wird zur Bestreitung des Amtsaufwandes für Regie jedem Amte durch das Staatsministerium des Innern eine bestimmte Summe zugewiesen, innerhalb deren die erforderlichen Anschaffungen und Ausgaben gegen Verwendungsnachweis in eigener Zuständigkeit zu bewirken sind.[2])

Diese Summe hat als nicht überschreitbarer Höchstbetrag zu gelten.

Sie ist zur Anschaffung und Unterhaltung der Amtsräume, Möbel und sonstiger Amtseinrichtungsgegenstände, zur Beschaffung der für den Dienstgebrauch benötigten Literalien und Schreibmaterialien einschließlich der gedruckten oder sonstwie hergestellten Formularpapiere, zur Bestreitung der Buchbinderlöhne und Insertionskosten, endlich zur Deckung des Aufwandes für die Beheizung, Beleuchtung und Reinigung der Amtsräume bestimmt.[3])

Der Nachweis über die Verwendung ist in der bezirksamtlichen Regierechnung zu erbringen, ohne daß es regelmäßig im Laufe des Jahres einer besonderen Einweisung oder Festsetzung der einzelnen Ausgaben bedarf.[4])

---

[1]) § 100 und § 106 der Dienst- und Hausordnung f. d. Gerichtsgefängnisse, JustMBl. 1883 S. 78.

[2]) § 7 der VO. vom 21. Dezember 1908, GVBl. S. 1121.

[3]) Die Verrechnung anderer Regieausgaben bedarf daher besonderer Bewilligung.

[4]) ME. vom 18. August 1910, Amtsbl. S. 504.

Die bezirksamtlichen Regierechnungen werden vor der durch die Regierungsfinanzkammern zu betätigenden finanziellen Prüfung einer administrativen Prüfung bei der K. Regierung, Kammer des Innern, unterstellt.

5. Regie der Bauämter.

Den Bauämtern werden zur Bestreitung der Regieausgaben Höchstbeträge durch die Etats zur Verfügung gestellt.[1])

6. Regie der Messungsämter.

Den Messungsämtern werden zur Bestreitung der Ausgaben für Beheizung, Beleuchtung und Reinigung Aversalbeträge gewährt. Die Beträge für Beheizung und Beleuchtung werden während der Monate Januar, Februar, November und Dezember zu $^3/_4$, während der Monate März, April, Mai, September und Oktober zu $^1/_4$ in monatlichen Raten vorausbezahlt. Diese Kosten, sowie die Kosten der zur Übernahme auf die Staatskasse genehmigten Möbel, Gerätschaften und Literalien der Messungsämter werden nicht mehr wie früher auf den Etat der Verwaltungsausgaben, sondern auf den Staatsaufwandsetat der allgemeinen Finanzverwaltung, also zusammen mit den sächlichen Ausgaben der Rentämter verrechnet.[2])

7. Regie der Amtsärzte.

Die Amtsärzte (Bezirksärzte, Landgerichtsärzte) beziehen zur Deckung ihrer sächlichen Ausgaben Aversen, die Berechtigung zum Bezug dieser Aversen erlischt mit der Beendigung des Dienstverhältnisses, soweit nicht etwa Ausgaben in Frage stehen, die für den Amtsnachfolger bestritten werden. Diese Aversen stehen auch dem Vertreter der betr. Amtsarztstelle auf die Dauer der Vertretung zu.

---

[1]) ME. vom 8. Juli 1868, FMBl. S. 205; FME. vom 4. Februar 1869 S. 28.

[2]) FME. vom 24. Januar 1911 Ziff. VII FMBl. S. 42.

Die Verrechnung dieser Ausgaben erfolgt auf den Etat der Gesundheit (z. Zt. Staatsfondsnebenrechnung 32).

8. Regie der Rentämter.

Die den Rentämtern zugewiesenen Regiebeiträge zur Anschaffung und Unterhaltung der Bureaumöbel und sonstigen Bureaueinrichtungsgegenstände, zur Beschaffung der für den Dienstgebrauch benötigten Literalien und Schreibmaterialien einschließlich der gedruckten und lithographierten Formularpapiere, zur Bestreitung der Buchbinderlöhne und Insertionskosten,[1]) endlich zur Deckung des Aufwands für die Beheizung, Beleuchtung und Reinigung der Bureaus sind Höchstbeträge, innerhalb deren die Rentamtsvorstände die erforderlichen Anschaffungen gegen Verwendungsnachweis in eigener Zuständigkeit bewirken.[2])

Unter den sächlichen Ausgaben der Rentämter werden auch ohne Ausscheidung die Kosten für die Erhebung, Verwaltung und Verrechnung der Forst-, Jagd- und Triftgefälle bei den Rentämtern verrechnet.[3])

C. Belegung der Regierechnungen.

Für die Ausgabsbelege zu den sächlichen Ausgaben gelten die allgemeinen Vorschriften (Geret Bd. XXXII Abt. I S. 160).

Als Besonderheit ist hervorzuheben, daß Belege über Neuanschaffung von Inventargegenständen mit der Inventarnummer versehen sein müssen und daß den Belegen über Anschaffung von Gegenständen auf Anweisung der Gerichtsvorstände deren Zahlungsanweisung beizusetzen ist.[4]) (Eine Neuregelung der Bestimmungen über die Mobilieninventare steht bevor).

---

[1]) Soweit die Kosten nicht den Verwaltungsetats zur Last fallen (s. oben).

[2]) Gesch.-Anw. f. d. Rentämter § 32 Abs. I, FMBl. 1903 S. 287.

[3]) Ziff. III der FME. von 23. Januar 1907 S. 92.

[4]) Ziff. 9 Abs. IV FME. vom 5. Februar 1912, FMBl. S. 16; JustME. vom 13. Juni 1862 Ziff. 14/IV; Geret Bd. XXXIII. S. 419.

D. Sächliche Verwaltungsausgaben.

1. Allgemeines.

Unter den sächlichen Verwaltungsausgaben im eigentlichen Sinn versteht man diejenigen rentamtlichen Regiekosten, die speziell und ausschließlich auf die Veranlagung und Erhebung der Einnahmen erwachsen,[1]) mit Ausschluß der Ausgaben auf die Forst-, Jagd- und Triftgefälle, die, soweit sie bei den Forstbehörden erwachsen, mit den Betriebsausgaben zusammen vorgetragen werden, soweit sie bei den Rentämtern anfallen, unter den sächlichen Ausgaben auf den Etat der allgemeinen Finanzverwaltung verrechnet werden. Der Rahmen der sächlichen Verwaltungsausgaben der Rentämter hat infolge der Rentamtsorganisation vom Jahre 1903 eine erhebliche Erweiterung erfahren.

Infolge der Aufhebung der Tantiemen der Rentamtmänner sind den Verwaltungsausgaben auch jene mit der Gewinnung und Erhebung der bezüglichen Einnahmen zusammenhängenden Regiekosten zur Last gefallen, die bisher die Rentamtsvorstände aus ihren Funktionsnebenbezügen zu bestreiten hatten. Hiezu gehören namentlich die Kosten für das Formularpapier zu den Heberegistern und Heberollen, Subjournalen, Steueränderungsausweisen, Steuerüberweisungen, Quittungen, Rückstands-Nachholungs- und Rückstandsregistern, den Erbschaftssteuer-Haupt- und Nebenlisten u. dgl. Ebenso ist nunmehr auch auf die Verwaltungsetats der Aufwand für die Formularpapiere zu dem Beitreibungsdienste (wie für die Mahnverweise, Ausstandsverzeichnisse, Pfändungsprotokolle ꝛc.) zu verrechnen, der früher teils den Tantiemen der Rentamtmänner, teils den Funktionsnebenbezügen der Rentamtsdiener zur Last fiel.[2])

(Dagegen fallen die Ausgaben für das Papier zu den

---

[1]) FME. vom 21. Januar 1903 Ziff. V, FMBl. S. 27; § 36 Abs. II GeschAnw. f. d. RÄ.

[2]) FM. vom 21. Januar 1903 Ziff. V, FMBl. S. 27.

allgemeinen Korrespondenzen, Berichten 2c. dem Etat der allgemeinen Finanzverwaltung zur Last, woselbst auch die Kosten für das Formularpapier zu den Staatsfonds-Tage- und Hauptbücher, den hiezu einschlägigen Zahlungslisten, dann den Staatsfondsrechnungen 2c. zu verrechnen sind.[1])

Als Regiekosten, die auf die Veranlagung und Erhebung der Steuern erwachsen sind, sind nur solche zu erachten die in direkter Beziehung zur Veranlagung und Erhebung stehen, nicht aber jene, die nur mittelbar diesen Zwecken dienen. Es sind also z. B. die Kosten für Aktenumschläge der Personalsteuerakten als mit der Steuerveranlagung unmittelbar im Zusammenhang stehend, Verwaltungsausgaben, dagegen sind Umschläge zur Versendung von Katasterauszügen und Messungsverzeichnissen auf rentamtliche Regie zu verrechnen, wenngleich letztere Behelfe mittelbar auch für die Berechnung der Realsteuern von Bedeutung sind.[2])

Diese Unterscheidung ist deshalb von praktischem Werte, weil die auf die Veranlagung und Einhebung der Steuern erwachsenden Kosten nach Anfall zahlbar sind, während die Ausgaben der Rentämter für Formulare, Kuverts usw., die im allgemeinen Dienste gebraucht werden, im Rahmen der Etatsmittel angeschafft werden müssen.

Die Regiekosten der Rentämter, welche aus Anlaß der Erhebung und Verrechnung der Kreisfondsgefälle erwachsen, sind seit Wegfall der Tantiemen der Rentamtmänner in vollem Umfang in den Kreisfondsrechnungen nachzuweisen.

Die Regiekosten, welche bei den Rentämtern aus Anlaß der Verwaltung und Einhebung der Grundgefälle zur Grundablösungskasse erwachsen, sind seit 1902 mit den Regiekosten für die Verwaltung und Einhebung der Grundgefälle zur Staatskasse auf den Etat der Grundgefälle (Nachw. 18 Kap. 1 der Staatsfondsrechnung) zu verrechnen. Dieser Position fallen mit der Aufhebung der Tantiemen auch jene

---

[1]) GeschAnw. f. d. RÄ. § 36 I.

[2]) FME. von 21. Januar 1903 Ziff. V, FMBl. S. 27; FME. vom 14. April 1912 Nr. 10015; FME. von 1. September 1911, Nr. 24955 II.

Regiekosten dieser Art zu Last, die bisher aus den Funktionsnebenbezügen der Rentamtmänner zu bestreiten waren.[1])

Auf die Verwaltungsetats sind weiter diejenigen Buchbinderlöhne und Insertionskosten zu verrechnen, welche aus Anlaß der Regulierung und Erhebung der verschiedenen Einnahmen erlaufen.[2])

Soweit die den Verwaltungsetats zur Last fallenden Kosten (für Formularpapiere, Buchbinderlöhne, Insertionskosten usw.) gleichzeitig auf verschiedene Steuergattungen, für welche getrennte Rechnungstitel bestehen, oder neben diesen zugleich auf andere Gefälle (wie z. B. die Grundgefälle zur Staats- und zur Ablösungskasse) sich beziehen, ist die Gesamtausgabe ohne weitere Ausscheidung unter den übrigen sächlichen Ausgaben auf die direkten Steuern nachzuweisen. Ebensowenig hat eine Ausscheidung der Kosten auf die einzelnen Etats stattzufinden, wenn die bezüglichen Formularpapiere — wie z. B. die Beitreibungsformulare — für verschiedene Einnahmsgattungen Verwendung finden, indem vielmehr auch in diesem Falle die Gesamtausgabe unausgeschieden auf den zunächst beteiligten Etat zu übernehmen ist.

Die Regieausgaben, welche die Erhebung und Verrechnung der Staats- und Kreisfondsgefälle gemeinsam berühren, sind unausgeschieden auf Staatsfonds zu verrechnen.[3])

Die sächlichen Ausgaben für die Messungsämter sind von der Finanzperiode 1910/11 an auf den Staatsaufwand der allgemeinen Finanzverwaltung übernommen worden und daher nicht mehr unter den Verwaltungs- und Betriebsausgaben (StFMR. 15) sondern in der StFMR. 40 zu verrechnen.[4])

Einschlägig sind dagegen auf den Etat der direkten Steuern sämtliche Kosten, welche im Vollzuge des Abmarkungsgesetzes vom 30. Juni 1900, GVBl. S. 553, für die Anschaffung der erforderlichen Formularpapiere erwachsen und die der Staatskasse zur Last fallen.

---

[1]) FME. von 21. Januar 1903 Ziff. V, FMBl. S. 28.
[2]) GeschAnw. f. d. RÄ. § 36 Abs. II.
[3]) GeschAnw. f. d. RÄ. § 36 Abs. III und V.
[4]) FME. vom 24. Januar 1911 Ziff. VII, FMBl. S. 42.

2. Arten der sächlichen Verwaltungsausgaben.

a) Auf direkte Steuern.

Die (sächlichen) Ausgaben auf die Veranlagung und Erhebung der **direkten Steuern** werden ausgeschieden (unter Nachweisung 2) in

die Kosten auf die Verwaltung der Personalsteuern (Kap. 1),
die Kosten auf die Verwaltung der Grund- und der Haussteuern (Kap. 2) und
die gemeinsamen Kosten für die direkten Steuern (Kap. 3).

Soweit die Kosten ausschließlich auf die Personalsteuern erwachsen, sind sie auf Kap. 1, soweit sie ausschließlich auf die Grund- und die Haussteuer erwachsen, auf Kap. 2 zu verrechnen. Auf Kap. 3 sind diejenigen Kosten (für Vordruckpapiere, Buchbinderlöhne, Einrückungskosten u. dgl.) unausgeschieden zu verrechnen, die sich auf die Personalsteuern und Grund- und Haussteuern gemeinsam oder neben Steuern auch auf andere Gefälle, wie z. B. auf Grundgefälle zur Staats- und zur Ablösungskasse beziehen.[1])

Bei der Verrechnung werden die sächlichen Ausgaben von den übrigen im Vollzug der Steuergesetze entstehenden Kosten nicht geschieden.

Die Beschaffung der für den Vollzug der Steuergesetze erforderlichen Formulare wird den einzelnen Rentämtern überlassen. Hiebei ist auf die besonderen Verhältnisse jedes einzelnen Rentamts und auf tunlichste Kostenersparung Bedacht zu nehmen. Können die Formulare zu angemessenen Preisen von ortsansässigen Gewerbetreibenden geliefert werden, so ist auf diese Gewerbetreibenden Rücksicht zu nehmen. Die sämtlichen im Vollzuge der Personalsteuern erwachsenden, von der Staatskasse zu bezahlenden Kosten sind ohne Ausscheidung auf die einzelnen Steuergattungen zu verrechnen.[2])

Unter den Ausgaben auf Veranlagung und Erhebung der direkten Steuern sind auch die Kosten für die Formularpapiere zu den Katasterumschreibungen, die Mieteinwertungs-

---

[1]) FME. vom 27. Januar 1913 Ziff. II, FMBl. S. 19/20.
[2]) § 92 der VB. zum Einkommensteuergesetz, GVBl. 1911 S. 554.

kosten, soweit diese nicht persönliche Ausgaben sind, und die sächlichen Ausgaben, die aus Anlaß von Steuernachlaßgesuchen erwachsen, zu verrechnen,[1]) ferner die Entschädigung der Haussteuertaxatoren.

Die Höhe letzterer Entschädigungen und Vergütungen bemißt sich nach der FMBek. vom 29. Juli 1911 (FMBl. S. 504) und vom 27. Februar 1911 (FMBl. S. 235).

Die Insertionskosten für die Steuerperzeptionstermine sind, soweit sie nur auf Steuergattungen erwachsen, für welche getrennte Rechnungstitel bestehen, unter diesen, andernfalls unter den gemeinsamen Kosten zu verrechnen, und zwar auch dann, wenn sie sich auf andere Gefällsgattungen, z. B. Grundgefälle, mitbeziehen.

Der Position „gemeinsame Kosten" fallen auch die sächlichen Kosten für die Steuerstatistik zur Last.[2])

Zu den sächlichen Verwaltungsausgaben auf den Etat der direkten Steuern gehören auch die Entschädigungen der Mitglieder der Steuerausschüsse und der Berufungskommissionen und die Vergütung der Auskunftspersonen, Zeugen und Sachverständigen bei der Veranlagung der Einkommen-, Gewerbe- und Kapitalrentensteuer.

b) Auf Erbschaftssteuern u. a.

Bei dem Etat der bayerischen Erbschaftssteuern, Gebühren, Stempelabgaben und Strafen, dann der besonderen Betriebe des Staates, der Grundgefälle, der übrigen Verwaltungsausgaben findet eine Ausscheidung der sächlichen Ausgaben nicht statt (Rechnungsschema für die FPer. 1912/13, FMBl. S. 24).

Die sächlichen Ausgaben auf den Etat der Erbschaftssteuern, Gebühren, Stempelabgaben und Strafen sind nach Anfall zahlbar.[3])

Hierunter fallen insbesondere die Kosten für Gebühren-

---

[1]) FME. vom 21. Januar 1903 Ziff. III b.

[2]) FME. vom 21. Januar 1903 Ziff. III e, FMBl. S. 26 im Zusammenhalt mit der FME. vom 27. Januar 1913 Ziff. II, FMBl. S. 19/20.

[3]) FMBek. vom 1. Oktober 1909, FMBl. S. 604 u. 609.

register und sonstige Formulare, die nach § 82 Abs. II der Instruktion vom 25. Dezember 1899 zum Vollzug des Reichsgerichtskostengesetzes und des Gesetzes über das Gebührenwesen (FMBl. S. 339) von den gebührenverrechnenden Beamten aus ihren Tantiemen zu bestreiten waren.

Die Anschaffungsbelege über diese Kosten sind von den gebührenverrechnenden Beamten der Amtsgerichte, Bezirksämter rc. mit der Bestätigung der Lieferung versehen, der Kasse zu übersenden, mit der über die Gebühren abgerechnet wird.[1])

Dem Etat der Gebühren fallen auch die Abonnementsgebühren für diejenigen Lokalblätter zur Last, die zum Zweck der Kontrolle der öffentlichen Mobiliarversteigerungen gehalten werden.[2])

c) Auf Reichssteuern.

Die bei der Verwaltung der Reichserbschaftssteuer von der Staatskasse zu tragenden Kosten für Formulare sind unter den sächlichen Ausgaben auf die Erbschaftssteuern zu verrechnen mit Ausnahme der Kosten für die Formulare zu den gerichtlichen Mitteilungen, die aus den gerichtlichen Regiemitteln bzw. den Regieaversen der Gerichtsvorstände bestritten werden.[3])

Die auf die Verwaltung der Reichsstempelabgaben erlaufenden Kosten werden nicht in den rentamtlichen Staatsfondsrechnungen, sondern in denen der Kreiskassen verrechnet.[4])

Die auf die Verwaltung der Zuwachssteuer erwachsenden sächlichen Ausgaben werden ohne Ausscheidung unter den Ausgaben auf die Zuwachssteuer verrechnet. Unter die von den Rentämtern zu verrechnenden Kosten fallen außer den von diesen benötigten Formularen auch die Formulare zu den besonderen Mitteilungen *anderer* staatlicher Behörden (Ge-

---

[1]) Bek. vom 12. Januar 1910, FMBl. S. 23.

[2]) GeschAnw. f. d. RÄ. § 32 Abs. IV.

[3]) VollzugsBek. vom 10. August 1906 § 28 zum ErbschStG. vom 3. Juni 1906, GVBl. S. 522.

[4]) Ziff. IX ^{10} der Bek. vom 3. August 1906, GVBl. S. 467.

richte, Bezirksämter); diese Kosten werden von den treffenden Behörden beim zuständigen Rentamte zur Auszahlung liquidiert. Andere Kosten als die für Formulare bedürfen der Einweisung durch die Regierungsfinanzkammer.[1])

Die auf Entrichtung der Reichsstempelabgabe erwachsenden Kosten sind unter den übrigen Verwaltungsausgaben zu verrechnen.[2])

Als Verwaltungsausgaben der Rentämter sind daher auch die Reichsstempelabgaben zu behandeln, die im Giroverkehr mit der K. Bank zu entrichten sind.[3])

d) Auf Forstetats.

Zu den forstlichen Verwaltungs- und Betriebsausgaben gehören die sächlichen Ausgaben der Forstämter, die in der Forstrechnung Ziff. I Kap. 1 C § 2 verrechnet werden und geschieden sind in solche

Tit. 1. Für Schreibbedürfnisse, Drucksachen, Bücher, Buchbinderkosten, Einrichtungsgegenstände, Beheizung, Beleuchtung und Reinigung der Geschäftsräume, Fuhr- und Botenlöhne u. dgl.,

Tit. 2. Für Post-, Telegramm- und Telephongebühren,

Tit. 3. Mietzinse für Geschäftsräume,

Tit. 4. Sonstige Ausgaben.[4])

Hievon sind diejenigen Verwaltungsausgaben, die bei den Rentämtern auf die Erwerbung, Verwaltung und Verrechnung der Forst-, Jagd- und Triftgefälle erwachsen, zu unterscheiden. Letztere werden ohne Ausnahme unter den sächlichen Ausgaben der Rentämter (Nachw. 28 Ziff. I Kap. 1 G § 2 der Staatsfondsrechnung) verrechnet, also nicht als Verwaltungs-, sondern als Staatsaufwandsausgaben behandelt werden.[5])

Unter diese rentamtlichen Ausgaben fallen insbesondere

---

[1]) § 32 der VollzugsBek. vom 14. Februar 1911, GVBl. S. 965.
[2]) FME. vom 1. Oktober 1909, FMBl. S. 604.
[3]) FME. vom 1. Oktober 1909, FMBl. S. 604.
[4]) Rechnungsschema f. d. FPer. 1910/11, FMBl. S. 120.
[5]) FME. vom 23. Januar 1907 Ziff. III, FMBl. S. 92.

die Kosten für Holzgeld, Heberegister, Bekanntmachungen der Holzgeldtermine, für Forstgefällsubjournale u. dgl.

Es ist jedoch zu beachten, daß nur diejenigen Regiekosten der Rentämter, welche speziell und ausschließlich aus Anlaß der Erhebung und Verrechnung der Forstgefälle erlaufen, in der bezeichneten Weise zu verrechnen sind. Sind sie gleichzeitig auch bei Erhebung und Verwaltung von Staatsfondsgefällen erwachsen, so fallen sie den hiefür bestehenden Verwaltungsetats zur Last.[1])

e) Auf Kreisfonds.

Auf Rechnung der Kreisfonds-Verwaltungsetats sind nur diejenigen Ausgaben vorzutragen, die speziell und ausschließlich aus Anlaß der Erhebung und Verrechnung der Kreisfondsgefälle erwachsen sind.[2])

E. Einzelne Arten der Regieausgaben.

Die sächlichen Ausgaben, die für die rentamtliche Rechnungsstellung in Betracht kommen, zerfallen im wesentlichen in folgende Klassen:

1. Schreibbedürfnisse,
2. Drucksachen, Zeitschriften, Bücher und Einrückungs-(Insertions-)kosten,
3. Buchbinderkosten,
4. Einrichtungsgegenstände, einschließlich Geräte und Instrumente der technischen Behörden,
5. Beheizung, Beleuchtung und Reinigung der Amtsräume,
6. Fuhr- und Botenlöhne sowie Transportkosten (ausschließlich der Postgebühren),
7. Mietzinse für Amtsräume,
8. Repräsentationsausgaben,
9. kleine Bauunterhaltungsausgaben,

[1]) GeschAnw. f. d. RÄ. § 36 Abs. IV.
[2]) GeschAnw. f. d. RÄ. § 36 Abs. IV.

10. Kosten für Sicherungsmaßnahmen zum Schutz der Mobilien (Versicherung der Mobilien gegen Feuer und Einbruch, Halten von Wachhunden u. dgl.).

1. Schreibbedürfnisse.

Die Schreibbedürfnisse werden im Rahmen der Etatssätze teils gegen Verwendungsnachweis, teils in Form von Aversen bestritten.

Aversen werden regelmäßig zur Deckung der sogenannten kleinen Schreibbedürfnisse gewährt.

Als kleine Schreibbedürfnisse werden angesehen: Federn, Federhalter, Bleistifte, Radiermesser, Federmesser, Radiergummi, Lineale und Linienblätter. (MEntschl. vom 18. August 1910, MAmtsbl. S. 503; GeschAnw. f. d. Rentämter § 32 Abs. V; FMBl. S. 288; Allerh. VO. vom 19. Februar 1885, die Org. d. Staatsforstverw. betr., § 28, FMBl. S. 44; Ziff. 3 der JustME. vom 13. Juni 1862, JustMBl. 1863 Anh. S. 83; JustME. vom 4. April 1870, FMBl. S. 50; JustME. vom 4. Dezember 1875,[1]) FMBl. S. 407.)

Die Auszahlung dieser Aversen findet bei den Bezirksämtern auf Dienstesdauer am Schluß jeden Vierteljahres statt.[2])

Bei anderen Stellen ist Vorauszahlung üblich; eine Rückvergütung findet im Falle einer Endigung des Dienstverhältnisses aus Billigkeitsgründen regelmäßig nicht statt. Bei dem nichtstatusmäßigen Personal ist die Dienstleistung auf dem Auszahlungsbelege zu bestätigen.

Militärpersonen, die zur informatorischen Beschäftigung bei einer Gerichtsschreiberei zugelassen werden und während dieser Zeit nach wie vor dem Militärverbande angehören, haben keinen Anspruch auf ein Schreibmaterialien-Aversum.[3])

Soweit Schreibmaterialienaversen bestehen, dürfen für die beteiligten Beamten Schreibmaterialien auf Regie nicht

---

[1]) JustME. vom 26. Februar 1906 Nr. 8714, betr. die Spezialetats f. 1906/07.

[2]) ME. vom 18. August 1910, MABl. S. 503.

[3]) JustME. vom 26. Februar 1906 Nr. 8744, betr. die Spezialetats f. 1906/07.

verrechnet werden. Dies gilt auch von den richterlichen Mitgliedern eines Schwurgerichts. An die übrigen am Schwurgerichte beteiligten Personen, die nicht im Bezug von Aversen sind, dürfen Schreibmittel nur nach Maßgabe des dienstlichen Bedürfnisses abgegeben werden. Nichtverbrauchte Stücke sind an die Regieverwaltung zurückzuliefern.[1])

Die Führung von Materialverwendungsausweisen über die auf Regie angeschafften Schreibmaterialien ist den Behörden [2]) erlassen.

Auf die zur Bestreitung der Kosten der Schreibmaterialien zur Verfügung gestellten Etatssummen sind auch die Kosten für Schreibmaschinen und deren Zubehör zu verrechnen.

Die Amtsgerichte dürfen jedoch Schreibmaschinen nur mit Erlaubnis des K. Staatsministeriums der Justiz anschaffen. Die Kosten der Ausbesserung dieser Maschinen und der Anschaffung von Ersatzteilen und Ausstattungsstücken fallen den dem Amtsgerichte zugewiesenen Höchstbetrage für Einrichtungsgegenstände zur Last. Dagegen sind die Kosten der Anschaffung des zur Herstellung der Schriftstücke notwendigen Schreibmaschinenpapiers aus dem Bauschbetrage für Schreibmaterialien und für Beleuchtung und Reinigung zu bezahlen. Auch die Materialien, die zum Gebrauche der Schapirographen, der Hektographen und anderer zur Vervielfältigung von Schriftstücken dienender Vorrichtungen notwendig sind, sind aus dem Höchstbetrag zu bezahlen. Nur die Kosten des zur Herstellung der Abzüge notwendigen Papiers fallen dem Bauschbetrage für Schreibmaterialien und für Beleuchtung und Reinigung der Amtsräume zur Last.[3])

Bei den **Gerichten** werden zur Bestreitung der kleineren Schreibbedürfnisse gleichfalls Aversen gewährt (Richter 14 ℳ 40 Pfg., übrige Beamte 10 ℳ 80 Pfg., Praktikanten, Ge-

---

[1]) JustMinE. vom 25. Februar 1914 Nr. 7978, betr. Regie der Schwurgerichte.

[2]) GeschAnw. f. d. RA. § 34.

[3]) JustME. vom 6. August 1807, JMBl. S. 228.

fängniswärter und Tagschreiber 7 ℳ 20 Pfg, Boten und Botengehilfen 3 ℳ 60 Pfg.).[1])

Bei den übrigen Schreibmaterialien (Papier, Tinte, Druckerschwärze, Siegellack, Oblaten, Bindfaden, Streusand, Termins- und Wandkalender) ist zu unterscheiden zwischen den kleineren Amtsgerichten und den übrigen Gerichten. Bei den kleineren Amtsgerichten sind diese Aufwendungen aus den Aversen des Gerichtsvorstandes ohne Verwendungsnachweis zu bestreiten. Bei den übrigen Gerichten erfolgt die Anschaffung im Rahmen der hiefür vorgesehenen Etats-Höchstbeträge gegen Verwendungsnachweis.[2])

Die Kosten für Präsentationsstempel sind bei den kleineren Amtsgerichten aus den Aversen der Gerichtsvorstände für Schreibmaterialien ꝛc. zu bestreiten, nur bei den übrigen Gerichten dürfen sie auf die Regiehöchstbeträge verrechnet werden.[3]) Das gleiche gilt von dem Material zum Schwarzdrucke, den Papierscheren, Linealen und Federmessern.[4])

Aus den Aversen sind bei den kleineren Gerichten auch zu bestreiten die Aktenumschläge und Formularien, die nach der Geschäfts- und Registraturordnung erforderlich sind,[5]) und die Kosten für Streckmappen zur Aufbewahrung von Grundbuchanlagen.

Aversen für kleinere Schreibbedürfnisse bei den Bezirksämtern und Rentämtern sind für das Amtsdienerpersonal auf 6 ℳ, für das übrige Personal auf 12 ℳ normiert.[6])

2. Drucksachen (Formularpapiere), Zeitschriften, Bücher und Einrückungs-(Insertions-)Kosten.

a) Die Ausgaben für Formularpapiere, die von den Rentämtern benötigt werden, fallen in der Haupt-

[1]) JustME. vom 4. April 1870, FMBl. S. 50; JustMBl. vom 4. Dezember 1875, FMBl. S. 407.

[2]) JustME. vom 13. Juni 1862, JustMBl. 1863 S. 76 u. 85.

[3]) JustME. vom 24. Juni 1895, JustMBl. S. 136.

[4]) JustME. vom 13. Juni 1862 Ziff. 10a, JustMBl. 1863 S. 86.

[5]) ME. vom 16. Dezember 1877, FMBl. S. 1.

[6]) ME. vom 18. August 1910, MABl. S. 503; GeschAnw. f. d. RÄ. § 32 Abs. V, FMBl. 1903 S. 44.

sache den Verwaltungsetats zur Last. In dieser Beziehung wird auf das bei den sächlichen Verwaltungsausgaben Gesagte verwiesen.

Dagegen fallen den Staatsaufwandsetats zur Last und sind daher im Rahmen der Etatssummen zu bestreiten

1. auf den allgemeinen Finanzverwaltungsetat die Kosten für das Formularpapier zu den rentamtlichen Tagebüchern, dann zu den Staatsfondshauptbüchern und Staatsfondsrechnungen [1]) sowie den einschlägigen Zahlungslisten,[2]) und die Ausgaben für das Papier zu den allgemeinen rentamtlichen Korrespondenzen und Berichten [3]) (Schreibpapiere, Lineale, Aktenumschläge u. dgl.). In letzterer Beziehung ist es gleichgültig, zu welchem Zwecke das Schreibpapier rc. verwendet wird. Es sind daher auch die Kuverts zur Versendung von Katasterauszügen und Messungsverzeichnissen auf rentamtliche Regie und nicht auf Verwaltungsetats zu verrechnen (s. oben),
2. die von Rentämtern zur Ergänzung der Immobilieninventare erholten Grundbuchsauszüge der Brandversicherungskammer,[4]) ferner auch die vom Rentamte benötigten Grundbuchsauszüge der amtsgerichtlichen Grundbücher.

Die Kosten für Neuanschaffungen von Hypotheken- und Grundbüchern werden seit der XXV. Finanzperiode weder als sächliche Ausgaben behandelt, noch in den gerichtlichen Regierechnungen durchgeführt. Der Bedarf wird unmittelbar vom K. Staatsministerium der Justiz zur Verfügung gestellt. Die Kosten für Formulare zu gerichtlichen Mitteilungen in Erbschaftssteuersachen werden bei den Gerichten aus den gerichtlichen Regiemitteln bzw. aus den Regieaversen der Gerichtsvorstände bestritten.[5])

---

[1]) Die gedruckten Rechnungspapiere sind vom Katasterbureau beziehen. FME. vom 27. Januar 1913 Ziff. V, FMBl. S. 20.

[2]) GeschAnw. f. d. Rentämter § 32 Abs. II.

[3]) FME. vom 21. Januar 1903 Ziff. V Abs. IV, FMBl. S. 28

[4]) FME. vom 24. Juli 1877, FMBl. S. 329.

[5]) § 28 der VollzBek. vom 10. August 1906 zum Erbschaftssteuergesetz, GVBl. S. 522.

Formulare für Liquidationen von Tagegeldern und Reisekosten dienen keinen dienstlichen Zwecken und sind daher nicht zur Anschaffung auf Regie geeignet. Ausgenommen hievon sind diejenigen Formulare, die bei den Bezirksämtern zu den Quartalsauszügen über die Dienstreisen des Amtsvorstandes und zum Jahresauszug aus dem Reisetagebuch verwendet werden, bei denen daher ein dienstlicher Zweck vorliegt (M. d. J. vom 3. Juli 1913 Nr. 1068, b 46).

b) Für die Zeitschriften sind folgende Sonderbestimmungen hervorzuheben.

Entsprechend der Grundregel, daß Ausgaben in der Rechnung des Jahres zu verrechnen sind, in dem sie fällig werden, sind Abonnementsbeträge für Zeitungen in dem Jahr zu verrechnen, auf das das Abonnement lautet.[1])

Kosten für Postzustellung von Zeitungen sind regelmäßig nicht zu verrechnen, da das Abholen der Zeitungen durch das Botenpersonal zu erfolgen hat (Ziff. 5 der FME. vom 27. April 1873, FMBl. S. 77).

Die angeschafften Zeitschriften sind von Zeit zu Zeit auszuscheiden und zur Verwertung als Makulatur an die Rentämter abzugeben. Hiebei sind sie gleichzeitig in den Inventaren abzuschreiben.[2])

Zu den Zeitungen, die aus Regiemittel anzuschaffen sind, gehört in neuester Zeit die Bayerische Staatszeitung.

Zeitschriften, die ausschließlich zum Zweck der Steuerkontrolle angeschafft werden, sind auf die Verwaltungsetats der Personalsteuern zu verrechnen.

Innerhalb der zur Verfügung gestellten Regiesummen ist den Rentämtern die Haltung politischer Blätter bis zum Höchstbetrag von 30 ℳ gestattet. Die Abonnementsgebühren für jene Lokalblätter, die zum Zwecke der Kontrolle der öffentlichen Mobiliarversteigerungen gehalten werden, sind in diesen Betrag nicht einzurechnen, sondern unter den sächlichen Ausgaben auf den Etat der Gebühren zu verrechnen.[3])

---

[1]) Zu vgl. FME. vom 11. Juli 1868 S. 207.

[2]) Entschl. d. M. d. J. vom 23. Februar 1874, Amtsbl. S. 125.

[3]) Gesch. Anw. f. d. RA. § 32 Abs. IV.

Bei den Amtsgerichten dürfen regelmäßig Zeitschriften bis zum Betrage von 27 ℳ auf Regie angeschafft werden.

Die Bezirksämter sind bei dem Abonnement politischer Zeitungen zwar nicht mehr an einen bestimmten Höchstbetrag gebunden, es darf jedoch die Gesamtsumme der verfügbaren Regiemittel niemals überschritten werden.[1])

c) Bei den Insertionskosten (Einrückungskosten) ist vor allem zu beachten, daß unter den sächlichen Ausgaben keine Insertionskosten zu verrechnen sind, die in einem gerichtlichen oder Verwaltungsverfahren erwachsen und daher als Kosten des betreffenden Verfahrens zu erachten sind.

Bei größeren Inseraten ist auf Rabattgewährung hinzuwirken.

Unter die Regieausgaben fallen auch die Insertionskosten für Ausschreibung von Stellen.[2])

Zu den in den Regierechnungen zu verrechnenden Insertionskosten gehören ferner auch die Insertionsgebühren des Reichsanzeigers für Löschung der Rechtsanwälte in der Rechtsanwaltsliste, dann die Kosten der Bekanntmachung über die Wahl der Schöffen und Geschworenen.

Mehrfach besteht Freiheit von Einrückungsgebühren oder deren Ermäßigung, so ersteres bei Einrückung der Bekanntmachungen über Staatsrealitäten-Verkäufe in den Kreisamtsblättern.[3])

d) Die Anschaffung von Literalien erfolgt entweder im Rahmen der hiefür vorgesehenen etatsmäßigen Höchstbeträge oder auf besondere Anweisung.

Bei den Buchhandlungen, von welchen die auf Regie angeschafften Literalien bezogen werden, ist die Bewilligung des bei Barzahlung üblichen Rabatts anzuregen und auf den Quittungen jederzeit zu konstatieren, ob infolge der geschehenen

---

[1]) ME. vom 18. August 1910, Amtsbl. S. 503.
[2]) ME. vom 7. Mai 1878, FMBl. S. 92.
[3]) Ziff. 12 der FME. vom 27. April 1893, FMBl. S. 79.

Anregung eine Vereinbarung über Rabattgewährung erzielt wurde.[1])

Ferner empfiehlt sich behufs Kostenersparnis der Umtausch älterer Auflagen gegen neue.[2])

Telephonteilnehmerverzeichnisse sind unter den Telephongebühren zu verrechnen.[3])

Bei den Gerichten erfolgt die Anschaffung der Literalien auf Grund Anweisung der Gerichtsvorstände im Rahmen der etatsmäßigen Höchstbeträge. Einer besonderen Erlaubnis zur Anschaffung der für den Dienst notwendigen Literalien bedarf es nicht mehr.[4])

Bei den Bezirksämtern beschränkt sich die Zuständigkeit auf die Anschaffung der amtlichen Blätter, deren Halten vorgeschrieben ist, dann auf die Anschaffung der für den Dienstgebrauch benötigten, sowie derjenigen Bücher und Literalien, deren Anschaffung auf Regie durch allgemeine Entschließungen oder durch Literaturanzeigen im Ministerialamtsblatte (vgl. MinAmtsbl. 1896 S. 49) genehmigt ist. Zur Anschaffung sonstigen Bücher u. dgl. bedarf es der vorherigen Genehmigung der Regierung, Kammer des Innern.[5])

Von den Amtsärzten ist das Gesetz- und Verordnungsblatt, das Amtsblatt des Staatsministeriums des Äußern und des Innern, das Kreisamtsblatt, die Amtsblätter des Bezirksamts bzw. der unmittelbaren Städte und das Reichsgesetzblatt zu halten. (M. d. J. vom 8. Mai 1903 Nr. 8477.)

Die Rentämter sind zuständig zur Anschaffung der amtlichen Blätter (des Reichsgesetzblattes, Gesetz- und Verordnungsblattes, Finanzministerialblattes mit Beilage sowie des Kreisamtsblattes), dann zur Anschaffung von Handausgaben und Kommentaren zu den Reichs- und Landesgesetzen, die in die rentamtliche Verwaltung einschlagen, wie zu dem Bürgerlichen Gesetzbuch und den Reichsjustizgesetzen nebst den

---

1) Oberb. Kreisamtsbl. 1875 col. 1085.
2) Bek. vom 28. Mai 1888, JustMBl. S. 133.
3) MinBek. vom 2. März 1911, FMBl. S. 237.
4) JustME. vom 19. Juli 1905, FMBl. S. 258.
5) ME. vom 18. August 1910, Amtsbl. S. 503.

bayerischen Ausführungsgesetzen, den Steuergesetzen, dem Gebührengesetz, ferner zur Anschaffung jener Bücher und Literalien, die durch allgemeine Entschließungen zur Anschaffung auf Regie genehmigt sind. Zur Anschaffung sonstiger Literalien bedarf es der vorherigen Genehmigung der Regierung, Kammer der Finanzen.[1])

3. Buchbinderkosten.

Buchbinderlöhne dürfen nur für amtliche Materialien und nur für solche, deren Bedeutung eine gewisse Dauerhaftigkeit fordert, also Rechnungen, Kassenbücher, Hauptbücher, Literalien, verrechnet werden.

Aufschreibungen und Literalien, die einen mehr vorübergehenden Wert besitzen, sind nur in steifen Umschlag zu heften. Zu heften sind beispielsweise: die in den Gefängnissen zu führenden Kalender für die Entlassungstermine und das Rapportbuch,[2]) die Kreisamtsblätter usw.[3]) Das Aktenheften ist von den Amtsdienern unentgeltlich zu besorgen.[4]) Zu den auf Regie zu verrechnenden Buchbinderkosten der Gerichte gehören auch die auf Reparatur und Unterhaltung der Hypothekenbücher erwachsenden Kosten. (Wegen der Neuanschaffung s. o.). Ebenso die Kosten des Einbindens der standesamtlichen Nebenregister.[5])

Nach Ziff. 10^{c} der (nur für die kleineren Amtsgerichte maßgebenden) JustME. vom 13. Juni 1862 (JustMBl. 863 S. 87) dürfen aus den Regiehöchstbeträgen Buchbinderlöhne bestritten werden: Für das Gesetz-, Regierungs- und Kreisamtsblatt, sowie für die Landtagsverhandlungen — für letztere jedoch, soferne sie zum gemeinschaftlichen Gebrauche mit dem Rentamte dienen, nur zur Hälfte — dann (für die Fortsetzung der Döllingerschen Verordnungssammlung) für die

---

1) GeschAnw. f. d. RÄ. § 32 Abs. III.

2) Hausordg. f. d. GerGef. § 115 Abs. III; JustMBl. 1910 S. 25.

3) JustME. vom 13. Juni 1862 Ziff. 10c II, Geret Bd. XXXIII S. 417.

4) MBek. vom 9. Mai 1906 Ziff. II Abs. Ic, FMBl. S. 162.

5) FME. vom 25. August 1910 Nr. 26961 II.

Zeitschrift für Gesetz- und Rechtspflege und für die sonstigen zur Anschaffung auf Regiekosten besonders genehmigten Werke, sowie endlich für die Geschäftsbücher, Journale, Repertorien und fortlaufenden Protokolle. Das Einbinden soll regelmäßig in Pappendeckel geschehen, für Kreisamtsblätter und Landtagsverhandlungen genügt steife Broschierung.[1])

Buchbinderkosten, die auf das Einbinden der auf Verwaltungsetats anzuschaffenden Formulare erwachsen, sind gleich den Kosten für die Formulare zu verrechnen.

4. Einrichtungsgegenstände.

Die Anschaffung von Einrichtungsgegenständen ist auf das dienstliche **Bedürfnis** zu beschränken.[2]) Es eignen sich also z. B. Barometer, Briefbeschwerer und sonstige für den Dienst entbehrliche Gegenstände nicht zur Anschaffung auf Regie.

Die Anschaffung erfolgt teils im Rahmen der etatsmäßigen Maximalbeträge, teils auf besondere Anweisung.

Unter den Einrichtungsgegenständen, die auf Regieetats angeschafft werden dürfen, ist das Bild der K. Majestäten besonders zu nennen.[3])

Weiter gehören zu den Gegenständen, welche angeschafft werden dürfen: Tintenzeug, Papierscheren, Papierkörbe, bei den technischen und forstlichen Stellen Mal- und Zeichengeräte, Thermometer, Holzkästen, Kohlenbehälter, Plombierapparate, das Staatswappen usw.[4])

Bei den Amtsgerichten ist durch spezielle Vorschrift[5]) gestattet die Anschaffung von: Schreibtischen, Stehpulten, Stühlen, Bänken in den Sitzungs- und Wartezimmern, Registratur-

---

[1]) Ob diese Vorschriften noch Geltung beanspruchen können, möchte zu bezweifeln sein. Anzunehmen wäre, daß auch hier die Verrechnung der Buchbinderkosten im Rahmen der Höchstbeträge dem Ermessen des Gerichtsvorstands anheimgegeben ist.

[2]) M. d. J. vom 20. Juni 1913 Nr. 1911 a usw.

[3]) FME. vom 22. Dezember 1889, FMBl. S. 312; FME. vom 21. März 1891, FMBl. S. 33.

[4]) FME. vom 26. April 1898, FMBl. S. 264.

[5]) JustME. vom 13. Juni 1862 Ziff. 10 a, JMBl. S. 86.

kästen, Kassen, Amtsschilder und Amtstafeln, Fenstervorhänge und Rouleaux (soweit solche zum Schutze gegen die Sonne unabweisbar notwendig sind), Siegelpressen, Amtssiegeln, Glockenzügen in den Amtszimmern, Kruzifixe für die Eidesabnahmen, Vorrichtungen zum Schwarzdrucke, Leuchter, Spuckkästchen, Papierkörbe, Tinten- und Streusandgefäßen. Diese Aufzählung ist jedoch für die Gerichte nur als eine beispielsweise von praktischer Bedeutung, da die Anschaffung der für den Dienst notwendigen Gerätschaften im Rahmen der Höchstbeträge den Gerichtsvorständen anheimgegeben ist.[1])

Soweit Thermometer angeschafft werden dürfen, empfehlen sich im Hinblick auf § 7 Abs. V der Prüfungsbestimmungen vom 25. Januar 1898 (Zentralbl. f. d. Deutsche Reich S. 76) solche mit hundertteiliger Skala.

Die Amtssiegel sind vom K. Hauptmünzamt zu beziehen.[2])

Die Anschaffung von Seife wird nicht zu beanstanden sein, soweit sie sich in entsprechenden Grenzen hält.

Kosten für Linoleumbelag und ähnliches werden sich mehr zur Übernahme auf Baukosten eignen, namentlich bei Neubauten, ferner soweit das Linoleum mit dem Fußboden fest verbunden oder zur Erhaltung des Fußbodens gelegt wird.

Die Kosten für Grenztafeln werden, jedenfalls aus Mangel einer besonderen Position gleichfalls unter den Regieausgaben verrechnet.[3])

Bei den Amtsgerichten fallen die Kosten für Ausbesserung der Schreibmaschinen und der Anschaffung von Ersatzteilen und Ausstattungsstücken, ferner die Materialien, die zum Gebrauche des Schapirographen, des Hektographen und anderer zur Vervielfältigung von Schriftstücken dienenden Vorrichtungen[4]) dem Höchstbetrag für Einrichtungsgegenstände usw. zur Last[5]) (s. oben). Das gleiche gilt auch bei den Bezirksämtern.

---

[1]) JustMBek. vom 19. Juli 1905, FMBl. S. 258.

[2]) FME. vom 11. April 1868 S. 85.

[3]) FME. vom 11. April 1911 Nr. 1316 a 1.

[4]) Nicht aber die Schreibmaterialien.

[5]) JustME. vom 6. August 1907, JustMBl. S. 228.

Zu beachten ist, daß die Einrichtungsgegenstände, soweit es sich nicht um Gegenstände handelt, die durch Benützung rasch verbraucht werden (Verbrauchsgegenstände), zu inventarisieren sind. Die Inventarnummern sind auf den Belegen vorzumerken.[1])

Kostenvoranschläge sind nur bei der Anschaffung wertvollerer Einrichtungsgegenstände erforderlich. Einer technischen Prüfung bedürfen diese Voranschläge nicht.[2])

5. Reinigung, Beleuchtung und Beheizung der Amtsräume.

Bei den Kosten für Reinigung, Beleuchtung und Beheizung der Bureauräume ist zu unterscheiden zwischen der Arbeit des Reinigens, Beleuchtens und Heizens und dem hiezu nötigen Materiale.

a) Arbeit des Reinigens, Beleuchtens und Beheizens.

Bei der Arbeit des Reinigens, Beleuchtens und Beheizens muß wieder unterschieden werden zwischen denjenigen Arbeiten, die den Boten und Dienern als ordentliche Dienstaufgabe zur Last fallen und die daher ohne Entschädigung zu leisten sind, und denjenigen, die nicht zur ordentlichen Dienstaufgabe gehören und wofür daher Ausgaben verrechnet werden dürfen. (Bei Stellen oder Behörden, denen ein Bote oder Diener nicht beigegeben ist, fällt diese Unterscheidung weg.)

Zu den ordentlichen, also unentgeltlich zu leistenden Reinigungsarbeiten, gehören im allgemeinen[3]):

a) das regelmäßige Abstauben der amtlichen Möbel, Bücher, Akten 2c., sowie das Lüften der Amtsräume,

b) das Beitragen des Trink- und Waschwassers in die Amts-

---

[1]) Ziff. 9 Abs. IV der FMBek. vom 5. Februar 1912, FMBl. S. 16.

[2]) Ziff. 7 der FME. vom 5. Februar 1912, FMBl. S. 11.

[3]) Bek. vom 9. Mai 1906 Ziff. II, FMBl. S. 161; das erforderliche Putzmaterial darf aber verrechnet werden.

räume und das Wegschaffen des letzteren sowie das Reinigen der Trink- und Waschgefäße,

c) das Auffüllen und Reinigen der Tintengefäße,

d) das Reinigen, Auffüllen, Anzünden und Auslöschen der Lampen in den Amtsräumen und Haustüren,

e) das Einölen der Schlösser zu den Amtsräumen und Haustüren,

f) die geringfügigen Verrichtungen, die bei der Vornahme vorbezeichneter Arbeiten notwendig werden,

g) alle weiteren Dienste, die in der Regel vom Amtsdiener geleistet werden oder nach Maßgabe seiner sonstigen dienstlichen Inanspruchnahme billigerweise verlangt werden können.

h) Arbeiten, die instruktionsgemäß ausdrücklich als Bestandteil der ordentlichen Dienstaufgabe erklärt sind.[1])

Sollten besondere Verhältnisse eine Ausnahme erheischen, so bedarf die ausnahmsweise Übertragung dieser Arbeiten an dritte Personen, sowie überhaupt die Verrechnung von Kosten zu Lasten der Staatskasse der Genehmigung des vorgesetzten Ministeriums oder der von diesem hiezu ermächtigten Stelle.

Bis auf weiteres sind zur Erteilung dieser Genehmigung ermächtigt:

in Ansehung der Diener und Boten bei den Gerichten mit Einschluß der Amtsgerichtsdiener mit Gefängnisdienst und der mit der Besorgung des Gefängnisdienstes betrauten Gerichtsvollzieher die Oberlandesgerichtspräsidenten im Benehmen mit den Regierungsfinanzkammern, in Ansehung der zuletzt erwähnten beiden Klassen von Bediensteten erforderlichenfalls zugleich im Benehmen mit dem Oberstaatsanwalt,

in Ansehung des Personals der Gerichtsgefängnisse die Oberstaatsanwälte im Benehmen mit den Regierungsfinanzkammern,

im Bereich der allgemeinen inneren Verwaltung die Regierungen, Kammern des Innern, im Benehmen mit den

[1]) Ibid. Ziff. III Abs. 3.

Regierungsfinanzkammern, hinsichtlich des Dienerpersonals der Regierungen die Regierungspräsidenten im Benehmen mit den Regierungsfinanzkammern,

im Bereiche des Staatsministeriums des Innern für Kirchen- und Schulangelegenheiten in Ansehung des Dienerpersonals am protestantischen Oberkonsistorium und den Konsistorien Ansbach und Bayreuth das Oberkonsistorium,

in Ansehung des Dienerpersonals am Konsistorium Speyer dieses,

in Ansehung des Dienerpersonals an den humanistischen und technischen Unterrichtsanstalten, dann an allen sonstigen Behörden und Anstalten, die dem Staatsministerium nicht unmittelbar unterstehen, die Regierungen, Kammern des Innern, im Benehmen mit den Regierungsfinanzkammern,

für die den Regierungsfinanzkammern unterstellten Behörden die Regierungsfinanzkammern.

Für den Justizpalast in München und das dazu gehörige neue Justizgebäude bestehen Sonderbestimmungen.[1])

Zu den ordentlichen Aufgaben des Dienerpersonals zählt dagegen nicht:

a) die gründlichere Reinigung der Amtsräume und ihrer Bestandteile einschließlich der zu diesen führenden Treppen, Gänge und Vorplätze innerhalb des Gebäudes, wie das Kehren, Wischen, Fegen, Wichsen der Fußböden und ähnliche Arbeiten,

b) die Reinhaltung der Straßen, Trottoirs, Gänge und Vorplätze vor den Amtsgebäuden sowie der zu diesen Gebäuden führenden Treppen außerhalb des Gebäudes, dann der dazu gehörigen Hofräume einschließlich des Besprengens im Sommer sowie des Abeisens, Bestreuens und Schneeräumens im Winter,

c) die Reinigung der Winterfenster, Jalousien, Wintertüren 2c. vor ihrer Anbringung,

d) das Waschen, Ausbessern und Bügeln der Flaggen,

e) das Waschen der Handtücher, Vorhänge 2c.

---

[1]) Bek. vom 9. Mai 1906 Ziff. II, FMBl. S. 161.

Für diese Arbeiten sind daher, soweit der Aufwand nicht den besonderen Aversen der Amtsvorstände für die Reinigung ꝛc. der Amtsräume zur Last fällt,[1]) mit dritten Personen, Reinigungsanstalten oder auch mit den Dienern selbst, wenn diese zur Übernahme bereit oder durch besondere Vorschrift hiezu verpflichtet sind, Verträge abzuschließen, in welchen ihre Verpflichtungen und insbesondere auch ihre Haftung bei nicht entsprechender Arbeitsleistung, dann die aus der Staatskasse zu leistenden Vergütungen im einzelnen zu regeln sind.

Die Genehmigung dieser Verträge einschließlich der Festsetzung der zu gewährenden Vergütungen steht den oben bezeichneten Stellen zu.[2])

Die Vornahme der Beheizung der Amtsräume gehört, soferne nicht hiefür dem Amtsvorstand ein Aversum bewilligt ist, in allen den Fällen zu den ordentlichen Aufgaben des Dienstpersonals, in denen die Amtsdiener nicht durch anderweitige Dienstleistungen abgehalten sind, diese Arbeit zu besorgen; es kann also hiefür eine besondere Vergütung nicht beansprucht werden.

Soweit hingegen nach dem Umfang der Arbeit die Mitwirkung von Familienangehörigen oder die Beiziehung fremder Hilfskräfte stattfinden muß, ist dem Amtsdiener hiefür eine entsprechende Vergütung zu gewähren.

Unter dieser Voraussetzung ist unter Umständen auch die Vergebung der Beheizung von Amtsräumen an dritte Personen nicht ausgeschlossen.

Die Entscheidung der Frage sowie die Bestimmung der zu gewährenden Vergütungen steht gleichfalls den oben bezeichneten Stellen zu.[3])

Diejenigen Bediensteten, welche vor Erlaß der Bekanntmachung vom 9. Mai 1906 in den Genuß einer Vergütung

---

[1]) Dies ist hinsichtlich der Kosten des Waschens der Handtücher bei den Amtsgerichten der Fall; FME. vom 10. März 1912 Nr. 7068 und JustME. vom 16. März 1912 Nr. 7929.

[2]) Bek. vom 9. Mai 1906 III Ziff. 1 u. 2, FMBl. S. 161.

[3]) Ibid. Ziff. IV.

eingewiesen wurden, deren Verabfolgung nach den vorstehenden Grundsätzen unzulässig ist, dürfen für ihre Person im vorläufigen Fortbezug dieser Vergütung belassen werden.[1])

Allgemeine Bestimmungen sind weiter folgende:

Die Reinigung der Straßen und Hofräume fällt nicht unter den Begriff der sächlichen Ausgaben, sondern unter den der nach Anfall zahlbaren Ausgaben für die Gebäudeunterhaltung.[2])

Wenn die Amtsdiener zur Besorgung der Reinigungs- rc. Arbeiten Familienangehörige verwenden, so wird ein die Versicherungspflicht begründendes Beschäftigungsverhältnis dieser Familienangehörigen zum Staat vorliegen (Ziff. 14 der Anl. des RVAmts vom 26. April 1912 über den Kreis der nach der RVO. gegen Invalidität und gegen Krankheit versicherten Personen). Die auf diese Versicherung entfallenden Beiträge sind zur Hälfte auf die rentamtliche Regie zu übernehmen.

Für die Rentamtsräumlichkeiten gelten noch folgende Sonderbestimmungen: Die Besorgung der Reinigung der Amtsräume und ihrer Bestandteile einschließlich der zu diesen führenden Treppen, Gänge und Vorplätze innerhalb des Gebäudes, sowie einschließlich der Innen- und der Winterfenster, ferner die Besorgung der Beheizung der Amtsräume einschließlich der Beischaffung des Heizmateriales vom Lagerplatze zu den Amtsräumen ist von dem Amtsvorstand einem hiezu geeigneten (verheirateten) Rentamtsdiener zu übertragen. Den Rentamtsdienern, die zur Übernahme dieser Arbeiten verpflichtet sind, wird hiefür auf Rechnung des rentamtlichen Regieetats eine Vergütung gewährt, die die Regierung, Kammer der Finanzen, nach Maßgabe des Umfangs der zu reinigenden und zu beheizenden Räume festzusetzen hat. Aus dieser Vergütung haben die Rentamtsdiener auch das Putzmaterial zu beschaffen.

Diese Vergütung sollte ursprünglich bei kleineren Ämtern den Jahresbetrag von 90—120 ℳ nicht übersteigen. (Tatsächlich hat sich jedoch die Notwendigkeit einer Erhöhung

---

[1]) Ibid. Ziff. V.

[2]) Bek. vom 29. Dezember 1909 Ziff. I[4], FMBl. S. 721.

dieses Betrags ergeben.) Bei größeren Ämtern ist die Vergütung unter entsprechender Angleichung an die vorbezeichneten Beträge nach dem Umfang der zu reinigenden und zu beheizenden Geschäftsräume zu bemessen.[1]) Von der gewährten Vergütung sind zwei Drittel für die Monate Oktober bis einschließlich März und ein Drittel für die übrigen sechs Monate bestimmt. Unter Berücksichtigung dieses Verteilungsmaßstabes erfolgt die Auszahlung dieser Vergütung in Monats- oder Quartalsraten postnumerando. Im Falle des Ablebens des beteiligten Rentamtsdieners unterliegt die Vergütung mit dem Todestage dem Einzug, sofern nicht die Reinigung und Beheizung der Amtsräume vorläufig von den Hinterbliebenen weiter besorgt wird, in welchem Falle die Entschädigung seitens des Amtsvorstandes bis zur Ernennung eines Dienstnachfolgers ohne weitere Ermächtigung an die Hinterbliebenen verabfolgt werden darf.[2]) Die Besorgung der Reinigung und des Auffüllens der Lampen in den Bureaus, Bureaugängen und Hofräumen, das regelmäßige Abstauben der Bureaumöbel, das Beitragen und Wegschaffen des Trink- und Waschwassers, das Auffüllen der Tintengefäße, das Einölen der Türschlösser in den Bureauräumen gehören zur ordentlichen Dienstaufgabe der Rentamtsdiener, die hiefür eine besondere Vergütung nicht anzusprechen haben.[3])

Bei den Bezirksämtern ist die Besorgung der Reinigung und Beheizung, soweit sie nicht ohnehin zur ordentlichen Dienstaufgabe des Amtsdieners gehört, regelmäßig dem Amtsdiener zu übertragen. An andere Personen dürfen diese Arbeiten nur beim Vorliegen besonderer Gründe übertragen werden, z. B. wenn der Amtsdiener zu ihrer Übernahme außerstande ist. Die Übertragung an andere Personen bedarf der Genehmigung der Regierung, Kammer des Innern. Die Bezirksamtsdiener sind zur Übernahme dieser Arbeiten verpflichtet. Die Festsetzung der den einzelnen Amtsdienern hie-

---

[1]) § 33 Abs. I der GeschAnw. f. d. RÄ., FMBl. 1903 S. 288; abgeändert durch Entschl. vom 18. März 1913, FMBl. S. 217.

[2]) l. c. § 33 Abs. II.

[3]) l. c. § 33 Abs. III.

für zu leistenden jährlichen Vergütungen erfolgt durch Entschließung des Staatsministeriums des Innern. Aus diesen Vergütungen haben die Amtsdiener das Putzmaterial anzuschaffen.

Die Vergütungen sind den Amtsdienern in monatlichen Teilbeträgen am Schlusse eines jeden Monats auszuzahlen. Im Fall des Ablebens eines Amtsdieners gilt das gleiche wie bei den Rentamtsdienern.

Die Arbeiten, die die Bezirksamtsdiener gegen den Empfang der festgesetzten Vergütungen zu leisten haben, bestehen in folgenden Verrichtungen:

1. die gründliche Reinigung der Amtsräume und ihrer Bestandteile einschließlich der zu diesen führenden Treppen, Gänge und Vorplätze innerhalb des Gebäudes, wie das Kehren, Wischen, Fegen, Wichsen der Fußböden, Reinigen der Fenster und Türen und ähnliche Arbeiten;

2. die Reinigung der Bureauaborte, der Pissoirs, bei Ölpissoirs auch das periodische Anstreichen mit Öl (die Beschaffung des Öls ist jedoch nicht Sache des Amtsdieners), die Reinigung der Klosetts und der Gullys in den zu Dienstzwecken dienenden Räumen;

3. das Entfernen des beim Kehren der Kamine, Öfen und Rauchrohre anfallenden Rußes aus den Amtsräumen;

4. das Beheizen der Öfen in den Amtsräumen (bei Gebäuden mit Zentralheizung die Bedienung der Zentralheizung) mit allen hiemit zusammenhängenden Verrichtungen einschließlich des Beischaffens des Heizmaterials vom Lagerplatz zu den Arbeitsräumen, jedoch mit Ausnahme des Entfernens des Rußes aus den Rauchrohren und Feuerläufen;

5. das Heizen der Aborte in den Diensträumen zur Verhinderung des Einfrierens der Klosetts.

Nicht zu den Obliegenheiten des Amtsdieners gehört die alljährlich einmalige (bei Bedarf auch mehrmalige) sogenannte große Stöberei, ferner nicht das Waschen, Ausbessern und Bügeln der Flaggen, das Waschen der Handtücher, Vorhänge usw., endlich nicht die alljährlich einmalige Reinigung der Winterfenster, Jalousien, Wintertüren usw. vor ihrer Anbringung. Die Verrichtung dieser Arbeiten hat der Amtsvorstand gegen besondere Vergütung, die aus der Höchstsumme zu bestreiten sind, dritten Personen zu übertragen. Die Übertragung dieser Arbeiten an den Amtsdiener ist jedoch nicht ausgeschlossen, es darf aber die besondere Vergütung den Betrag nicht überschreiten, der bei Übertragung der Arbeiten an andere Personen nach den ortsüblichen Löhnen aufzuwenden wäre.[1] Zu den Obliegenheiten des Amtsdieners gehört außerdem nicht das alljährlich einmalige Einlassen der Böden mit Wachs und das Einölen der Böden. Die Vornahme dieser Arbeiten und die Beschaffung des hiezu erforderlichen Materials wird aus Baufonds bestritten und deshalb von dem zuständigen Landbauamt angeordnet. Hinsichtlich der Übertragung dieser Arbeiten an den Amtsdiener gilt das Vorbemerkte.[2]

Bei den Pedellen der humanistischen und technischen Unterrichtsanstalten und überhaupt dem Dienerpersonal im Geschäftsbereich des K. Staatsministeriums des Innern f. K. und SchA. werden durch die obenaufgeführte Bekanntmachung vom 9. Mai 1906 die weitergehenden Verpflichtungen, welche ihnen nach der Normaldienstesinstruktion vom 23. Oktober 1901, sowie nach der Natur ihrer Dienstesstellung oder den besonderen Dienstesinstruktionen obliegen, nicht berührt. Auch sind die Dienstaufwandsentschädigungen, welche den Pedellen der genannten Unterrichtsanstalten für die Reinigung und Beheizung der Unterrichtsgebäude gewährt sind, aufrechterhalten worden.[3]

b) Beheizungs- und Beleuchtungsmaterial.

Für das Beheizungsmaterial werden entweder Aversen gewährt, über die der Amtsvorstand frei verfügen kann, oder es hat die Anschaffung innerhalb der etatsmäßigen Höchstbeträge gegen Verwendungsnachweis zu erfolgen.

---

[1]) ME. vom 18. August 1910, MABl. S. 505.
[2]) M. d. J. Entschl. vom 31. Januar 1913.
[3]) Bek. vom 9. Mai 1906 Ziff. VI Abs. III, FMBl. S. 161.

Die Aversen umfassen auch die Kosten für Tragen und Spalten des Holzes,[1]) sowie der Werkzeuge zum Einfeuern wie Schaufeln, Hacken usw. Dagegen sind die Kosten für Anschaffung und Ausbesserung von Behältern zur Aufbewahrung des zur Beheizung der Amtsräumlichkeiten benötigten Brennholzes, als Holzkästen, Kohlenbehälter usw. auf den Etat für Einrichtungsgegenstände zu übernehmen.[2])

Die Auszahlung der Aversen erfolgt für die Monate November mit Februar zu drei Vierteilen, für die Monate März mit Oktober zu ein Vierteil, wogegen für die Monate Juni mit August ein Anteil an Beheizungsaversen nicht gewährt wird, was besonders bei einem Wechsel in der Person des bezugsberechtigten Beamten zu beachten ist.[3]) (Der Tag des Dienstantritts ist für die Teilung maßgebend).

Beheizungsaversen beziehen von den Gerichten die kleineren Amtsgerichte, wogegen den übrigen Gerichten und den Staatsanwaltschaften Höchstbeträge zugewiesen sind. Die Hälfte des Aversums bzw. die Hälfte des Höchstbetrags im dreijährigen Durchschnitt darf bereits im letzten Quartal des Vorjahrs für das nächste Jahr vorschußweise ausbezahlt werden.

Die gleiche Ermächtigung besteht auch bezüglich der Bezirksämter.[4])

Bei größerem Kohlenverbrauch wird das Gewicht der Kohlen durch Wagscheine zu bestätigen und zu belegen sein.

Unter die sächlichen Ausgaben für Beheizung fallen auch die Kosten für Petroleum zur Beheizung der Öfen, die in den Aborten zur Verhinderung des Einfrierens der Wasserleitungen aufgestellt werden.[5]) Soweit daher Beheizungsaversen bestehen, sind derartige Kosten auf die Aversen zu übernehmen.

Die Forstamtsvorstände erhalten zur Bestreitung

[1]) JustME. vom 13. Juni 1862 Ziff. 5 Abs. II, JustMBl. 1863 S. 85.

[2]) JustME. vom 28. Juli 1866 (FMBl. S. 228).

[3]) AllerhVO. vom 22. Februar 1866, RegBl. col. 241.

[4]) FME. vom 4. November 1873, FMBl. S. 179; JustME. vom 13. Juni 1862 Ziff. 5 Abs. II, JustMBl. 1863 Anh. S. 85.

[5]) Abschnitt III Ziff. 4 der MinBek. vom 29. Dezember 1909, JustMBl. S. 145).

der Kosten für Beheizung ihrer Bureaulokalitäten ein Aversum, welches mit Rücksicht auf die klimatische Lage und die Bauart der betreffenden Gebäude sowie die örtlichen Holz- und Kohlenpreise vom K. Staatsministerium der Finanzen zu bemessen ist und durchschnittlich den Betrag von 60 ℳ nicht übersteigen soll.[1])

Für die Rentämter bestehen hinsichtlich des Beheizungsmaterials folgende Sonderbestimmungen:

Die Führung eines Materialverwendungsausweises über das Beheizungs- und Beleuchtungsmaterial ist den Rentämtern erlassen.[2])

Soweit die Herstellung gesonderter Räume zur Aufbewahrung des für die Bureaus bestimmten Heizmateriales untunlich erscheint, wird dem Rentamtsvorstand bis zur Behebung dieses Hindernisses zur Bestreitung des Beheizungsaufwandes für die Bureaus ein angemessenes Beheizungsaversum zugewiesen, das aus dem Regieetatsmaximum zu bestreiten ist. Von diesem Aversum werden für die Monate November, Dezember, Januar und Februar drei Viertel, für die Monate März, April, Mai, September und Oktober ein Viertel angewiesen, während für die Monate Juni, Juli und August ein Anteil an diesem Aversum entfällt (K. AllerhVO. vom 22. Februar 1866, RegBl. S. 291). Die Auszahlung dieses Aversums erfolgt in genau nach diesem Maßstab bemessenen Monatsraten im voraus.[3])

Bei den Messungsämtern werden für Beheizung, Beleuchtung und Reinigung der Amtsräume Aversen gewährt. Von diesen sind die für Beheizung und Beleuchtung während der Monate Januar, Februar, November und Dezember zu $^3/_4$, während der Monate März, April, Mai, September und Oktober zu $^1/_4$ monatlich vorauszahlbar. Auch die Reinigungskosten sind monatlich vorauszahlbar.

Ob die für die Regierungsgebäude getroffene Anordnung

---

[1]) AllerhVO. vom 19. Februar 1885, die Organisation der Staatsforstverw. betr. § 28, FMBl. S. 44.

[2]) GeschAnw. f. d. RÄ. § 34.

[3]) Ibid. § 35.

der FME. vom 5. April 1823 (Geret Bd. XIII S. 1487) und der Entschl. vom 19. April 1856 (Geret Bd. XXX S. 111), wonach die bei Beheizung der Amtsräume erzielte Asche nicht den Heizern zu überlassen, sondern für die Staatskasse zu vereinnahmen ist, auch auf andere Amtsgebäude Anwendung zu finden hat, möchte zweifelhaft sein.

Von den durch das Beleuchtungsmaterial entstehenden Kosten fallen nur der Aufwand von Gas und elektrischen Strom sowie für die Unterhaltung und Nachschaffung der Beleuchtungskörper und sonstigen Ausstattungsstücke (Gasbrenner, Glühlampen, Schirme, Glocken, Zylinder rc.), dann die Kosten für die Miete von Elektrizitäts- und Gasmesser — soweit diese Ausgaben für die Diensträume erwachsen — dem Regieetat zur Last. Soweit zur Bestreitung des Aufwandes für die Beleuchtung der Diensträume den Amtsvorständen Aversen bewilligt sind, sind diese Kosten aus den Aversen zu decken.[1])

(Letzteres gilt nach dem Vorbemerkten insbesondere von den kleineren Amtsgerichten.)

Zur Rechnungsbedeckung von Gasbeleuchtungskosten wird eine Vormerkung in den Rechnungen über den Stand des Gasometers geboten sein.

6. Fuhr- und Botenlöhne.

Unter den sächlichen Ausgaben dürfen niemals Bezüge, denen die Natur einer Besoldung oder eines Besoldungsbestandteil zukommt, z. B. Bezüge der Gerichtsschreibereigehilfen, verrechnet werden, die nunmehr durchgehends zu den persönlichen Ausgaben gehören.

Nur Entschädigungen für gewöhnliche dem Staate geleistete Taglohnsarbeiten oder ähnliche Verrichtungen, also Arbeiterlöhne, werden als sächliche Ausgaben angesehen (fallen jedoch meistens unter den Begriff der Betriebsausgaben.[2])

---

[1]) Bek. vom 5. Februar 1905 A Ziff. II[6], FMBl. S. 20; Bek. vom 29. Dezember 1909 Ziff. III[6], FMBl. S. 725.

[2]) FME. vom 23. Februar 1909 FMBl. 1909, S. 131.

Die Verrechnung von Entschädigungen für Benützung von Fahrrädern und Trambahnen bei den Amtsdienern ist keine einheitliche. Richtig werden diese als Dienstaufwandsentschädigungen (zu vgl. § 13 der GeschAnw. f. d. K. Rentämter, FMBl. 1903 S. 264) ebenso wie die übrigen Reisekosten bei den persönlichen Ausgaben zu verrechnen sein. Tatsächlich werden sie jedoch bei anderen Behörden als den Rentämtern mehrfach unter den sächlichen Ausgaben vorgetragen. Die Verrechnung derartiger Kosten, soweit sie nicht in den Etats vorgesehen sind, bedarf stets besonderer Genehmigung.

Die Beförderung der Akten gehört zu den ordentlichen Dienstaufgaben der Amtsdiener. Transportkosten hiefür dürfen daher nur ausnahmsweise, wenn es sich um besonders große Aktenbestände handelt, verrechnet werden. Zu den ordentlichen Dienstaufgaben gehören auch die Dienstgänge der Boten[1]), für die daher Botenlöhne niemals aufgerechnet werden dürfen, wohl aber Tagegelder und Reisekosten bei auswärtigen Dienstgeschäften.

Die auf Verpackung und Transport des an die Archive abzugebenden Registraturmaterials entstehenden Kosten bei Aktenausscheidungen sind, soweit sie aus dem Erlös der einzustampfenden Akten nicht gedeckt werden können, zu gleichen Teilen auf den Regieetat der treffenden Stelle und der Archivbehörde zu übernehmen.[2])

Unter die Kategorie der Löhne, die auf sächliche Ausgaben verrechnet werden dürfen, fallen die ortsüblichen Neujahrsgelder an Briefträger, Postboten u. dgl.

Unter die Frachtkosten, die unter den sächlichen bzw. Verwaltungskosten zu verrechnen sind, fallen insbesondere diejenigen, die auf den Transport von Anschaffungen erwachsen, deren Kosten auf sächliche bzw. Verwaltungsausgaben zu verrechnen sind. Hiebei sind Frachtkosten für Anschaffungen, die auf Verwaltungsausgaben zu verrechnen sind, unter letzteren

[1]) Vgl. JustME. vom 15. Juni 1862 Ziff. 10 e, JustMBl. 1863 Anh. S. 87.

[2]) MBek. vom 31. Mai 1882, FMBl. S. 156.

zu verausgaben, die anderen dagegen unter den sächlichen Ausgaben der Staatsaufwandsetats.

7. Mietzinse für Dienstráume.

Die Mietzinse für Diensträume erscheinen nicht in den Anhängen zu den rentamtlichen Nebenrechnungen, sondern werden in diese unmittelbar eingestellt, da sie auch stets besonders eingewiesen und direkt von den Rentämtern ausbezahlt werden.

Die Auszahlung erfolgt regelmäßig im voraus.

Unter den sächlichen Ausgaben der Gerichte, Anhang A zu den Regierechnungen, haben dagegen diejenigen Mietzinse für Amtsräume zu erscheinen, die bei gerichtlichen Kommissionen (Zeugenvernehmungen usw.) erwachsen.[1])

Soferne die Gemeinden nicht zur unentgeltlichen Abgabe eines Lokals veranlaßt werden können, dürfen die Kosten der Miete eines Lokals zur Abhaltung der rentamtlichen Amtstage (einschließlich des etwaigen Aufwands für Beheizung, Beleuchtung und Reinigung) auf den Etat der sächlichen Ausgaben der allgemeinen Finanzverwaltung übernommen werden.[2])

Die in Strafsachen erwachsenden Ausgaben für die Kommissionszimmer sind nicht unter den sächlichen Ausgaben, sondern unter den Untersuchungskosten zu verrechnen.[3])

Die Mietzinse für Dienstlokalitäten der Staatsbaubehörden sind nicht in die bauamtlichen Regierechnungen einzustellen, da hiefür gesonderte Kredite eröffnet werden.[4])

Mietzinse für Räumlichkeiten zur Vornahme des Musterungs- und Aushebungsgeschäfts werden nicht auf sächliche sondern auf übrige Ausgaben der Bezirksämter verrechnet.

Die Kosten der Lokale für Landtagswahlen sind von den Gemeinden zu bestreiten.

---

1) MBek. vom 2. März 1875 Ziff. VIII Abs. II, FMBl. S. 48.
2) § 89 der GeschAnw. f. d. Rentämter.
3) Ziff. VIII Abs. II d. MBek. vom 2. März 1875, JustMBl. S. 58.
4) M. d. J. vom 16. Mai 1877, FMBl. S. 290.

8. Repräsentationsausgaben.

Die Verrechnung gewisser Ausgaben für Repräsentationszwecke — mit Ausnahme der unter die Bauunterhaltungsausgaben fallenden Ausgaben für Dekoration der Amtsgebäude (Ziff. I 7 der Bek. vom 29. Dezember 1909, FMBl. S. 721) — unter den sächlichen Ausgaben ist zwar nicht ausdrücklich angeordnet, ist aber allgemein üblich.

Unter die Repräsentationsausgaben fallen:

1. die Kosten für Wagen und Lohndiener[1]) bei den amtlichen Auffahrten, Gottesdiensten u. dgl., zu denen die Beamten nach Vorschrift oder Herkommen zu erscheinen haben. Hiezu zählen insbesondere die Gottesdienste an dem Geburts- und Namensfest Sr. Majestät d. Königs und Ihrer Majestät der Königin,
2. die Kosten für Trauerzeichen (Kränze) bei Beerdigungen von Angehörigen der betr. Stelle oder Behörde. Bei Beerdigungen anderer Persönlichkeiten wird die Übernahme derartiger Kosten nicht angängig sein.

9. Kleinere Bauunterhaltungsausgaben.

Eine Anzahl kleinerer Bauunterhaltungsausgaben, die unter den sächlichen Ausgaben verrechnet werden dürfen, findet sich in Ziff. III der Bekanntmachung vom 29. Dezember 1909, FMBl. S. 721, aufgezählt.

Es sind dies:

1. die Kosten für das Einsetzen und Entfernen der Winterfenster, Vortüren und ähnlicher Abschlußvorrichtungen für die Diensträume;

2. die Kosten für Frostschutzvorrichtungen zwischen den Fenstern der Diensträume (für die Anschaffung von Moos, Fenstersäcken u. dgl.);

3. die Kosten für das Legen und Entfernen der Winter-

---

[1]) Vertreten die Amtsdiener die Lohndiener, so können diesen Vergütungen nach Maßgabe der von den Ministerien getroffenen Bestimmungen gewährt werden.

böden, Vortüren und ähnlichen Abschlußvorrichtungen für die Diensträume;

4. die Kosten des Heizverbrauchs für Aborte zur Verhinderung des Einfrierens der Klosetts in den Diensträumen;

5. die Kosten für das Aufmachen und Entfernen von Sonnenschutzvorrichtungen an den Fenstern der Diensträume (Jalousien, Pente-à-l'airs, Fensterläden u. dgl.);

6. die Kosten für die Miete von Elektrizitäts- und Gasmessern in den Diensträumen; soweit zur Bestreitung des Aufwands für die Beleuchtung der Diensträume den Amtsvorständen Aversen bewilligt sind, fallen diese Kosten den Aversen zur Last;

7. die Kosten für Reinigung der Pissoirs, bei Ölpissoirs auch für deren periodischen Anstrich, dann für Reinigung der Klosetts und der Gullys in den zu Dienstzwecken dienenden Räumen;

8. die Kosten für das Aufziehen der Hausuhren;

9. die Kosten für das Einölen der Fußböden in den Lehranstalten.

10. die Kosten für die Beaufsichtigung von Gebäuden und für Feuerwachen, soweit Arbeiterlöhne oder Akkordlöhne in Frage kommen, die Aufsicht also nicht einem — etatsmäßigen oder nicht etatsmäßigen — Beamten obliegt;

11. die Kosten für das Abladen und Aufschichten von Brennmaterial für Dienstzwecke;

12. die Kosten für das Reinigen und Schmieren elektrischer und anderer Aufzüge, die Stromkosten für diese Aufzüge und die Kosten für Unterhaltung der hiefür bestimmten Schwachstromanlagen.

Zu dieser Aufzählung, die, soweit Bauunterhaltungskosten in Frage stehen, als erschöpfend gedacht ist, ist folgendes zu bemerken.

Ausgaben für Aufziehen der Uhren in den Amtsräumen und an den Amtsgebäuden, das Ein- und Aushängen der Winterfenster, Jalousien, Fensterläden usw. für die Amtsräume einschließlich der Beischaffung von ihrem Aufbewahrungsort und der Verbringung an diesen, das Ein- und Aushängen der Vortüren (Wintertüren) in den Amtsräumen einschließlich der Beischaffung von ihrem Aufbewahrungsort und der Verbringung an diesen und für das Einbinden der Wasserleitungen usw. in den Amtsgebäuden zum Schutz gegen Frost sowie die Entfernung der Umhüllung können regelmäßig nicht vorkommen, da diese Verrichtungen zu den ordentlichen Dienstaufgaben der Diener und Boten gehören und von diesen, soweit nicht für einzelne der Leistungen den Amtsvorständen ein Aversum bewilligt ist, zu besorgen ist, ohne daß es hiefür neben dem ordentlichen Gehaltsbezug — abgesehen von dem Ersatz der etwaigen Barauslagen für beschaffte Materialien — eine besondere Vergütung anzusprechen hat. Nur wenn besondere Verhältnisse eine Ausnahme erheischen, darf die ausnahmsweise Übertragung dieser Arbeiten an dritte Personen sowie überhaupt die Verrechnung von Kosten zu Lasten der Staatskasse mit Genehmigung des vorgesetzten Ministeriums oder der von diesem hiezu ermächtigten Stelle stattfinden (MinBek. vom 9. Mai 1906 Ziff. II/III, FMBl. S. 161). Zweifelhaft erscheint, ob die Kosten für die in Amtslokalitäten erforderlichen Glocken- und Glockenzüge noch auf sächliche Ausgaben (Regie) verrechnet werden dürfen, wie dies § 58 Abs. Id Abs. II der AllerhVO. vom 28. Februar 1851, die Benützung und Unterhaltung der Staatsgebäude betr. (RegBl. 1851 col. 189/90) angeordnet hat, da die obenerwähnte MinBek. die Glocken- und Glockenzüge nicht aufführt. Sicher ist aber die Vorschrift in dem Entschl. des M. d. J. vom 23. November 1882 (FMBl. S. 398), wonach alle einen Ersatz für Glockenzüge bildenden elektrischen Läutevorrichtungen auf Regiefonds zu verrechnen sind, durch die Bestimmungen in Ziff. II 9 der Bek. vom 29. Dezember 1909 (FMBl. S. 721) abgeändert worden, wonach die Kosten des Unterhalts der Schwachstromanlagen für elektrische Haustürklingeln unter die an den Etat gebundenen Ausgaben für Gebäudeunterhaltung fallen.

Zweifelhaft erscheint auch die Verrechnung der Kosten für Anschaffung und Reparatur von Schlüsseln in Amtsräumen, nachdem die Bekanntmachung vom 29. Dezember 1909 diese Kosten nicht erwähnt. Es ist jedoch anzunehmen, daß in dieser Beziehung die Entschließung des K. Staatsministeriums des Innern vom 23. November 1882 (FMBl. S. 348) noch gilt und auch bei den übrigen Behörden anzuwenden ist, und daß daher unterschieden werden muß, ob es sich um Schlüssel handelt an Gegenständen des Mobilieninventars oder an solchen des Immobilieninventars und daß nur bei den ersteren die Verrechnung auf sächliche Ausgaben zu erfolgen hat, bei den letzteren aber auf Landbauunterhaltungskosten.

Zu den unter den nach Anfall zahlbaren Ausgaben für Gebäudeunterhaltung gehören auch die Kosten für Desinfektion der Abortanlagen (Reinigungskosten). Unter letztere fallen auch etwaige Kosten oder Gebühren für Überwachung der rechtzeitigen und ordnungsmäßigen Vornahme der Desinfektion (FME. vom 20. Februar 1912 Nr. 4733).

10. Kosten für Sicherungsmaßnahmen.

Die Kosten für die Beaufsichtigung von Gebäuden und für Feuerwachen sind bereits im vorausgehenden Abschnitt erwähnt. Im übrigen bestehen über die Kosten für Sicherungsmaßnahmen zum Schutz von Mobilien gegen Feuergefahr oder Diebstahl (Versicherungen, Wachhunde u. dgl.) keine allgemeinen Vorschriften. Die Übernahme derartiger Kosten auf Regie bedarf daher, wenn sie nicht etatsmäßig sind, stets der besonderen Genehmigung.

Register.

(Die Zahlen bedeuten die Seiten.)

Reidel, Fr., Kgl. Landgerichtsrat in München.

Gesetz über die Angelegenheiten der freiwilligen Gerichtsbarkeit vom 17. Mai 1898 mit besonderer Berücksichtigung der bayer. Ausführungsvorschriften. 2. vollständig umgearbeitete Auflage. gr. 8°. (VIII, 436 S.) 1907. In Ganzl. geb. Mk. 9.60

Handbuch des Verfahrens der Gerichte in Angelegenheiten der freiwilligen Gerichtsbarkeit für Bayern, ausschließlich der Registersachen, der Fideikommißangelegenheiten und der standesh. Vormundschaftss. gr. 8°. (XII, 403 S.) 1903. In Ganzl. geb. Mk. 7.20

Maenner, Karl, Reichsgerichtsrat in Leipzig.

Das Sachenrecht nach dem Bürgerlichen Gesetzbuche und der Grundbuchordnung für das Deutsche Reich. 2. neubearbeitete Auflage des „Rechts der Grundstücke". gr. 8°. (X und 548 S.) In eleg. Ganzl. geb. Mk. 14.—

Meikel, Gg.,

Kommentar zur Grundbuchordnung für das Deutsche Reich mit besonderer Berücksichtigung Bayerns. 2. neubearbeitete und erweiterte Auflage. gr. 8°. (VIII, 556 S.) 1912. In Ganzl. geb. Mk. 13.—

Schad, Dr. Karl, Notar in München.

Kommentar zum Gesetz das Nachlaßwesen betreffend vom 9. Aug. 1902. Nebst den §§ 86—99 des Reichsges. über die Angelegenheit der freiw. Gerichtsbarkeit vom 17. Mai 1898. gr. 8°. (VI, 364 S.) 1904. In Ganzl. geb. Mk. 6.—

Schanz, Dr. H., Amtsrichter in München.

Die Zwangshypothek. Forschungen zu ihrer Geschichte und Theorie. I. Heft. Die gerichtliche Hypothek des französischen Rechts in ihrer geschichtlichen Entwicklung und Verbreitung. gr. 8°. (XII, 228 S.) Mk. 6.50

Schwab, Siegfr., Kgl. Amtsrichter in Schwabach.

Grundriß des materiellen Liegenschaftsrechts des BGB. unter Berücksichtigung der bayerischen Ausführungs- und Uebergangsvorschriften. gr. 8°. (VIII, 80 S.) 1905. Mk. 2.80

Steiner, A., Kgl. II. Staatsanwalt in Nürnberg.

Gesetz über die Zwangsversteigerung und Zwangsverwaltung vom 24. März 1897 mit besonderer Berücksichtigung der bayer. Ausführungsbestimmungen und unter Anfügung von Beispielen. gr. 8°. 2. verm. u. neubearbeitete Aufl. (VIII, 546 S.) 1909. In Ganzl. geb. Mk. 11.80

Kolibri 360 GmbH
Ferdinand-Jühlke-Straße 7
99095 Erfurt, Deutschland
produktsicherheit@kolibri360.de